誰を対象とし、何を目的としてこの教科書は書かれているか？
（本書の使用対象者と執筆の目的）

この教科書は、基本的なロシア語文法をマスターしており、単文を理解することは可能ではあるが、複文の構文論、標準的な表現手段、ロシア語の常用表現などをさらに体系的に学習することを必要とするような学生を対象として書かれた。

本書では、読本としても、構文論の学習用の参考書としても、更には話し言葉の上達のための教材としても使用可能な、多機能的な教科書を作る試みがなされた。

この目的を基として、著者達は、教師と学生の双方にとって無理が最も少ない方法で、設定された目的を達成することが可能な、一貫コースを作成する試みに着手した。

上述の目的のために下記の事柄が定められている。

・ 教科書の本文は、連続した推理小説となっていて、その場面はモスクワと東京で交互に展開されている。このことは、この種の作品を読むプロセスそのものが興味をそそるだけでなく、著者が純ロシア的、および純日本的な風物を取りあげ、それらを言語的に表現する手段を学生達に教えることを可能にしている。各章の終わりに配置された本文に対する質問は、ロシア語の会話能力の向上に役立つはずである。これらの質問は、東井・ナジェージダ氏によって立案作成されたものであり、著者は、この教科書の製作に対する氏の貴重な助力に感謝している。

・ この推理小説の各章は、金沢大東によって全面的に立案執筆されたロシア語統辞論コースに対応した具体例となっている。文法編で説明されるすべての統辞論上の表現手段は、推理小説の対応する各章の本文中では、赤色によって区別されている。

- 上述以外に、各章では、思考と感情を伝達、表現する際にロシア語話者が単文中で用いるような、標準的な手段の三（まれに四）個のタイプがあげられている。当該の章のテキスト中では、それらのタイプは紫色で区別され、その後に当該の表の番号が続く。これらの表では、表の最初の欄に入っている各々の表現手段に対して、ロシア語からの直訳に最も近い日本語の対応訳が第二の欄で与えられており、時にはその表現の特性を説明する短いコメントが添えられている。
  当該の章のテキストで用いられている各々の表現には、基本テキストで用いられる独自の用法以外に、三番目の欄に入れられた更に二つの例がそえられている。上から下へ順に読まれるこれらの文の内の幾つかは、それ自体が、時々は皮肉な、又はユーモアたっぷりなニュアンスを含んだ小さな話を形成している。著者は無味乾燥な形式主義と退屈な紋切型を避けるように絶えず心がけた。
  表現の学習は、これらの表現を用いた学生自身の作文を含め、多種の練習（問題）で補充されることが望ましい。

- 上述の目的以外に、著者は、学生達の積極的な語彙力の拡大を助長することを志した。そのため、暗記と積極的な使用が大いに推奨され得るような、出現ひん度の最も高い表現と語は、**太字体**で区別されている。
  語の選定に際しては、著者は、[ロシア語重要単語]（白水社、1998）、[ロシア語常用会話辞典]（南雲堂フェニクス、1998）、「Частотный словарь русского языка」（ред.Л.Н. Засорина, Москва, Русский язык, 1997）などの出版物や、その他の類似の文献、及び自己の体験を参考とした。
  この際には、代名詞、数詞、曜日、度々用いられる動詞などの、最もありふれたタイプの語は、特に区別しなかった。その場合には、ロシア語学習の初期の段階で、これらを学生達がすでに知っていることが前提とされている。

全体として、学生諸君は、各章で 70 個の単語をおぼえ込むことが望ましい。あるケースでは、一章の中にテーマが類似している語を集中させることに成功した。
この教材を用いた自分自身の経験から、著者には、毎回の授業の始めに語彙の小テストを行うことが効果的であると思われた。
教材をこなすテンポを考慮して、一回の授業は、平均一章の半分のテンポで進め、小テストのために毎回 35 語をあてた。
その際に、学生達にはロシア語に翻訳すべき日本語の単語のリストを与えた。これらのリストは、各章に付属している表の形で提供されており、同様の単語テストの準備のために使用することが出来る。
記憶するように推奨されている単語の数は、各章では制限されているので、ある部分で新語の数があまりにも多いと思われた場合には、著者はある語を意識的に削除して、それが再度出現する次の章で取り上げるようにした。しかし、このような欠点を完全に回避することには必ずしも成功しなかった。

- この教科書のもう一つの重要な特色は、著者が、学生達の単語学習のための労力を最大限に軽減しようと努めたことである。この目的で、基本テキストの右側に、何よりも先ず多義的で、その文脈では標準的な用法を持つ多くの語と言い回しの翻訳が与えられている。教科書の終わりには、教材の習得程度に従ってこのような語と表現の数量が減少してゆくのは当然である。
  基本テキストにおいては、翻訳の施された語と言い回しは、一本の下線が引かれ、星印（アステリスク＊）が語末、または言い回し全体に付けられる。二本の下線が引かれている語は、形動詞、または副動詞である。もし、これらに翻訳が施されている場合には、それはそれらが形成される源となった動詞の、形動詞または副動詞の時制とアスペクトを考慮せずに行われた不定形の翻訳である。このことによって学生は、これらの形動詞と副動詞のタイプを独力で判定し、しかるべき独自の訳を案出せざるを得ない。

他のすべての語と表現の翻訳も、もっぱら格変化や人称変化を考慮に入れていない見出し語の形で行われている。
この様なアプローチは、文の構造の全体的な把握の能力を獲得する労力をいちじるしく軽減し、その事が独力での講読に移行するための非常に大きな意味を持つと著者は考えている。のみならず、この様なアプローチは、このレベルの複雑さを持つ教材を講読するには、語彙力が不十分である学生を対象として、この教科書を使用することを可能にしている。この事は、たとえば第二外国語としてのロシア語を学んでいる二年生の学生の授業で、見かけ上の複雑さにもかかわらず、この教科書を用いることを可能にしているのである。

- 最後に、この教科書の言語の特徴について。
この教科書の基幹となっている推理小説全体は、最初から最後まで著者自身が構想し、書き上げたものであり、その事は、当然ながら、このテキストの個人的な文体的特長として現われている。著者は、良い意味での標準的で、広く用いられている表現や、更には現代ロシア語の話し言葉（内的モノローグと対話）にも、書き言葉にも固有の、リズミカルな調子さえも最大限に用いるように努めた。それにもかかわらず、注意深い読者にとっては、ある幾つかの箇所では、文の構成そのものと、語彙の選択が幾分不自然で、ぎこちなく、たどたどしく思われるかもしれない（形式上からは、それは避けることは出来ないが）。著者が語句の構造を単純化するように努め、ネイティブにとってはこの様な文脈では、よりふさわしく思われるかもしれないが、あまり用いられることのない語や言い回しを、より広く用いられている語や言い回しに替えるよう努めたことによって、この事は、何よりも説明がつくのである。結果は、テキスト教材としての≪生きた≫推理小説の特徴と、教科書として用いるための手直しとの間の妥協の産物となった。

- 推理小説は未完のままである。第 **14** 章までに、全てはすでに明白になりつつあるが、物語は論理的な決着を必要としている。しかし、それはまったく単純ではなく、想像のための十分な余地を残している。それ故、一風変わった試験として、著者はこの未完成の第 15 章を学生諸君自らが書き終えることを提案し、この様な創造的な方法で、語彙的、文法的教材の習得の度合いを示すようにすすめたいと思う。
本文中では、かなり多量の対話を含んでいるので、しかるべき処理や補足を施せば、学生の独自の力で、劇に仕上げるためのシナリオに容易に作り直すことが可能であり、その事も、それなりの試験とみなすことも出来よう。

著者達が全ての批判や要望に感謝を表することは言うまでもないが、同時に多くの欠陥にもかかわらず、授業にこの教科書を用いることが、有益であるばかりでなく、おもしろいものと思われることを期待している。

なお、本書には、推理小説のテキストの部分が、ロシア人のネイティブによって吹込まれた CD－ROM が付されている。

БЕЛОЕ ЗОЛОТО

Детективная история для любителей русского языка

Главные действующие лица

➢ Иван **САКУРОВСКИЙ**	-	старший следователь районной прокуратуры
➢ Сергей Васильевич **ТОЛСТОЙ**	-	хранитель коллекции искусства стран Дальнего Востока
➢ **РОКАН**	-	японский художник, автор похищенной гравюры
➢ **СИРАКАБА** Митидзанэ	-	инспектор районного управления полиции
➢ **ТОДА** Итиро	-	владелец токийской гравюры, банковский служащий
➢ **ЯМАМОТО** Дзиро, он же «Мунаев»	-	глава Московского отделения секты «Дети истины»
➢ **КАВАГОЭ**	-	профессор, друг отца Сиракаба Митидзанэ, искусствовед
➢ Василий Николаевич **ГАВРИЛОВ**	-	бывший белый офицер, переводчик с японского, владелец московской гравюры

Глава 1

Москва. Воскресенье.15 августа … года.

В выходные дни* и по **праздникам** старший следователь* районной прокуратуры* Иван Сакуровский, несмотря на* постоянное* недосыпание*, любил вставать **рано**. **Особенно** летом в ясную* погоду, когда за окном* **ярко** светит* солнце и **настроение** хорошее.

*休日
*上級取調官 *地区検察庁
*にもかかわらず*恒常的 *睡眠不足
*晴れた *外
*輝く

Впереди **долгий радостный** день, который Сакуровский собирался*(3)* провести* с семьёй. Ведь* всё можно **успеть** - и с детьми погулять где-нибудь на **природе**, и попить пива* вечером во **дворе** в хорошей **компании**, и под **гитару** попеть. Однако нередко* ему ничего не удавалось* сделать. **Свободные** дни выпадали **редко***, так как* **служба** у старшего следователя была очень беспокойная*.

*過ごす *というのは…だから
*ビール
*しょっちゅう
*成功する、出来る
*めったにない *＝потому что
*あわただしい

Вот и* сегодня в **тишине раннего** утра неожиданно* **резко** зазвонил телефон. «Вот **беда**! Наверное*(2)*, опять меня вызывают*», - подумал Сакуровский. Он подошёл к телефону и неохотно* снял трубку*:

*(結果、期待の実現) *突然に
*呼出す
*しぶしぶ *受話器を取る

- Алло. Слушаю вас.
- Здравствуй, Иван! Москаленко говорит. (Сакуровский сразу* **узнал** голос* своего **начальника**). В Музее **искусства народов** Востока **произошла** кража*. Я знаю, что ты уже два месяца не отдыхал, но ты у нас единственный*, кто разбирается в* искусстве. Пожалуйста, поезжай сейчас туда. Дежурная* **бригада** уже выехала.

*すぐに *声
*盗み、窃盗
*唯一の *…に通じる
*当番の

- Есть*, господин генерал!

*はい、了解しました

- Иван, ну зачем так* официально*?! Я всё понимаю: ни отдыха у тебя нет, ни времени на личную жизнь*. Но я прошу* тебя только помочь, если понадобится*. Посмотришь по* **обстановке**. Ведь* сегодня Птичкин дежурит. Он, сам знаешь, **парень** молодой, только что* приступил к*(1)* работе, **опыта** нет. А тут* **серьёзное** дело* – кража в музее. Не исключено*(2)*, что без твоей помощи ему вообще* не обойтись*. Поезжай, пожалуйста, он уже там и введёт тебя в курс* дела.

*そんなに *形式ばっている、かたくるしい *私生活
*頼む *必要になる
*…に応じて判断する
*(主内容を強調する)ほんとうに、たしか、だって *…したばかり *この場合 *事件
全然(否定の場合)…(なしで)すます *…を知らせる、説明する

- Всё понял, Фёдор Кузьмич, сейчас еду.
- Вот и спасибо. Выручил*. С меня причитается*. Ни пуха , ни пера*!

*助かった *恩に着る
*うまくやれよ

- К чёрту!

Сакуровский в сердцах* бросил трубку и начал*(1)* **одеваться**.

*腹立ちまぎれに

◆◆◆

Когда Сакуровский прибыл* на место, там вовсю* уже действовала **следственная группа***. Молодой следователь Птичкин как раз* беседовал с хранителем* коллекции искусства стран **Дальнего Востока** Сергеем Васильевичем Толстым. Тот с жаром делился* своими переживаниями*:

- Вы представляете,* прихожу я сегодня на работу и **обнаруживаю** пропажу*. Обычно по субботам и воскресеньям у нас тут только дежурные*. Но сейчас мы готовим каталог* для нашей выставки японских гравюр* в Германии, и мне не терпелось* его поскорее закончить. Прихожу сегодня утром, а тут такой **ужас** – сейф*, в котором хранились* гравюры, открыт, всё на полу валяется*. **Представляете**, гравюры Хиросигэ, Утамаро – и на полу! - хранитель так бурно* **выражал** свои **чувства**, что даже поперхнулся* от* возмущения*.

- Что-то пропало*, Сергей Васильевич? – спросил Птичкин.

- Так вот* я и говорю – чушь* какая-то, **извините за выражение***. Хиросигэ и Утамаро - на полу, а Рокан **исчез**! Был такой не очень **известный** художник в 20-е годы прошлого **века**. Среди коллекционеров* он не **пользуется особой** популярностью*, **хотя** некоторые **вещи** очень удачные*, эта тоже была неплохая. Там был изображён* **актёр** театра кабуки. Но таких гравюр тысячи и тысячи, да и стоят они копейки*.

- Только она **исчезла**, вы всё хорошо посмотрели? - вмешался в разговор* Сакуровский.

- Ну, **конечно**! Я же их все знаю наперечёт*. Прежде чем* **вызывать милицию** я всё пересмотрел*, дежурные также всё **проверили**. Всё на месте*, только этой нет. Как раз сегодня я думал*(3)* взяться за*(1)* описание* этой **работы**.

- А почему же вы **выбрали** для выставки столь* непримечательную* работу, Сергей Васильевич? Вы же сами говорили, что она **особой** ценности не представляет*? – уже Сакуровский вёл разговор*.

- Видите ли*, выяснилась* одна **странная** вещь. Возможно*(2)*, что эта гравюра - единственный экземпляр*. Ведь гравюры как* книги: у каждой гравюры в зависимости от* популярности был свой* тираж*. Конечно, не всё сохранилось, но чтобы* только одна

*到着する、着く *全力をあげて *捜査陣
*ちょうど *主事、管理者
*熱っぽく話す
*体験・印象、辛い思い
*想像する(驚くべきことを強調するための前置きの挿入語) *紛失
*宿直
*カタログ *版画
*…したくてたまらない
*金庫
*保存される
*雑然と散らばっている
*激しく
*言葉につまる *…で *憤慨
*なくなる、紛失する
*それはさておき *ナンセンス *ぶしつけな言い方をしてすみません
*収集家
*好評を博している、人気がある *うまい、よい
*描く
*一文の価値、とても安い
*話に口出しする
*全部知っている
*…する前に *全部調べる
*元の場所
*記述，説明
*それほど
*めだたない
*価値がない*話をリードする
*あのですね *明らかになる
*部
*…のようだ
*…によって *それなりの*部数*(事実の現実性に対する疑念を

осталась – это удивительно*! Я специально* просматривал* все каталоги музеев и известных **частных собраний** и нигде ничего не **нашёл**. Вот и решил выставить - всё-таки* **случай необычный**.

表す) *不思議だ *入念に
*目を通す

*それにしてもやはり

- А у вас нет **случайно копии** украденной гравюры?
- Нет, к сожалению. Ведь как раз* на **будущей** неделе, то есть* завтра, в понедельник, мы намеревались*(3)* приняться за*(1)* съёмку* подготовленных* к выставке работ. Для каталога.

*丁度
*つまり
*撮影 *準備する

- **Жалко**, это бы нам значительно помогло. Но делать нечего*… Спасибо, Сергей Васильевич! Пожалуй*(2)*, у нас будут ещё **вопросы** к вам. А сейчас я хотел бы поговорить с моим коллегой* наедине*.

*仕方がない

*同僚 *二人きりで

Сакуровский с Птичкиным вышли в **коридор**, и начинающий следователь стал*(1)* **подробно** рассказывать, что ему удалось* установить*. Из его рассказа стало ясно*, что хранитель ушёл домой часов в 11 вечера, а пришёл на работу около 9 часов утра. В это время в музее был только он, да ещё охрана. Вероятно*(2)*, кража произошла* этой ночью, но никто ничего не заметил*. **Орудий** взлома* никаких не нашли. Отпечатки **пальцев*** обнаружены, но, скорее всего*, они **принадлежат** работникам музея. Судя по всему*, кражу **совершили** профессионалы – уж очень аккуратно вскрыт* сейф. По-видимому*, действительно пропала только одна гравюра.

*成功する、することができる
*つきとめる、究明する *明らかになる

*起こる、発生する *気が付く
*押し込み *指紋
*どう見ても
*多分
*開ける
*おそらく

«Да, загадка*, - думал про себя* Сакуровский. - Рядом было много ценного, а **взяли** только одну работу* неизвестного художника. Неужели* просто* воры **ошиблись**? Может быть*(2)*, что и так. А если нет? Кому и зачем понадобился* малоизвестный* Рокан?»

*謎 *心の中で
*作品
*本当に…か、まさか *ただ、単に
*必要となる *あまり知られていない

Слова для запоминания

1. **праздник・праздновать - отпраздновать** 祝う・祝日;祭日
2. **ранний・рано・раньше** ①早い・早く、まだ早い・①より早く、より先に ②以前に、かつて
3. **особенно・особенный** 特に、とりわけ・特別な、特殊な
4. **яркий** ①明るい、鮮明な ②鮮明な、顕著な
5. **настроение** 気分、気持ち、
6. **долгий** 長い (時間的に)
7. **радостный・радость** 喜ばしい、嬉しい・喜び、嬉しいこと
8. **успевать - успеть** ①...する間がある ②...に間に合う
9. **природа** 自然
10 **двор** 建物敷地内の空地、中庭
11 **компания** ①仲間、一行 ② 会社
12 **гитара** ギター
13 **свобода・свободный** 自由・①自由な ②あいてる、ひまな
14 **редкий・редко** まばらな;まれな・まれに、たまに
15 **служба・служащий** 勤務、勤務先・勤め人、職員、会社員
16 **тишина** 静けさ
17 **резкий** 鋭い、急激な、強烈な
18 **беда** 不幸、災難
19 **узнавать - узнать** 気づく、確かめる;(情報として) 知る
20 **начальник・начальство** 上司・指導部、幹部
21 **искусствоее** 芸術、技能
22 **народ** ①民族、国民 ②大衆
23 **происходить - произойти** 起る、生じる
24 **бригада** ①旅団 ②作業班
25 **обстановка** ①状況、情勢 ②家具調度
26 **парень** 若い奴、青年
27 **опыт** ①経験、体験 ②実験
28 **серьёзный・серьёзно** ①まじめな、真剣な ②重要な・本気で
29 **чёрт** 悪魔、鬼 (畜生!)
30 **одеваться - одеться** 服を着る
31 **группа** ①集団、グループ ②群れ
32 **Дальний Восток** 極東
33 **обнаруживать - обнаружить** ①発見する ②表す、示す
34 **ужас** 恐怖、悲惨なこと
35 **представлять - представить・представление** ①提出する②見せる③紹介する④想像する・①提出②上演③理解、知識
36. **выражать - выразить・выражение** 表現する、表す・①表示 ②表現、言い回し ③表情
37. **чувствовать - почувствовать・чувство** 感ずる、知覚する・感覚、感じ、感情
38. **исчезать - исчезнуть** 消えて、なくなる

39. **известный**	知られている、有名な
40. **век**	世紀
41. **пользоваться - воспользоваться ・ польза**	①利用する　②(名声、信用などを)得ている・効用、利益
42. **особый**	特別な・他と異なる
43. **хотя**	①けれども　②(+бы)せめて…でも
44. **некоторый**	ある、だれかの、何かの
45. **вещь**	物、作品
46. **актёр**	俳優・役者
47. **конечно**	①もちろん　②いいとも
48. **вызывать - вызвать ・ вызов**	①呼び出す②引き起こす、もたらす・呼び出し;抗議
49. **милиция ・ милиционер**	警察・警察官
50. **проверять - проверить ・ проверка**	チェックする、調べる・点検、検査
51. **работа**	①仕事、職　②作品、著作
52. **выбирать –выбрать ・ выбор**	選ぶ、選び取る・①選択、選択の範囲、チョイス ②（複）選挙
53. **странный**	奇妙な、変な、不思議な
54. **частный**	①個人の　②部分的な
55. **собрание ・ собираться - собраться**	集会・集まる
56. **находить - найти ・ находка**	見つける、発見する・①見つけ出すこと、発見 ②拾い物
57. **случай ・ случайно ・ случайность**	①事件　②機会、チャンス・偶然に・偶然性
58. **копия**	コピー
59. **будущий**	未来の、将来の、今度の
60. **жалкий, жалко, жаль・жалеть - пожалеть**	①かわいそうだ、気の毒だ　②（+生）惜しい ③残念だ・①悔やむ　②惜しむ
61. **вопрос**	①質問　②問題、点
62. **коридор**	廊下
63. **подробный ・ подробность**	詳しい、詳細の・詳細
64. **орудие**	①道具、手段　②砲
65. **палец**	指
66. **принадлежать**	属する、...ものである
67. **совершать - совершить**	行う・する・成し遂げる
68. **брать - взять**	①つかむ・取る　②借りる
69. **ошибаться - ошибиться**	誤る
70. **необычный**	普通でない・他と違う

(1) НАЧАЛО ДЕЙСТВИЯ 行為の開始

表現、手段	表現内容	例文
НАЧАТЬ+不完了動詞の不定形	(…し始める)	Студент **начал** писать по-русски. Учитель **начнёт** составлять упражнение.
СТАТЬ+不完了動詞の不定形	(…になる) *主に過去形*	Студент **стал** петь по-русски. Учитель **станет** проверять контрольную работу[1].
ПРИСТУПИТЬ К +与格	(取りかかる)	Студент **приступил к** чтению. Учитель **приступит к** проверке домашнего задания[2].
ПРИНЯТЬСЯ ЗА+対格 又は不完了動詞の不定形	(取りかかる)	Студент **принялся за** грамматику. Учитель **примется за** чтение нотаций[3]. Родители **принялись** звонить в школу.
ВЗЯТЬСЯ ЗА +対格又は不完了動詞の不定形	(取りかかる)	Студент **взялся за** ум[4]. Учитель **возьмётся за** студентов. Родители **взялись** помогать учителю.

[1]テスト [2]宿題 [3]お説教 [4]反省する

(2) ВЕРОЯТНОСТЬ И ПРЕДПОЛОЖЕНИЕ 確実性、予測

表現・手段	表現内容	例文
МОЖЕТ (БЫТЬ)	(もしかすると)	**Может (быть)**, сыщик найдёт преступника. **Может (быть)**, преступник обманет[1] сыщика.
ВОЗМОЖНО・СУЩЕСТВУЕТ ВОЗМОЖНОСТЬ+生格	(可能だ/可能性があります)	**Возможно,** сыщику удастся найти преступника. **Существует возможность** того, что у преступника получится обмануть сыщика.
НАВЕРНОЕ	(どうやら、きっと) *前もって何かを予感する*	**Наверное**, сыщик будет искать слишком долго. **Наверное**, преступник будет прятаться умело.
ВЕРОЯТНО・СУЩЕСТВУЕТ ВЕРОЯТНОСТЬ+生格	(おそらく)	**Вероятно**, сыщик потратит много сил. **Существует вероятность того**, что преступник сможет обмануть сыщика.
НЕ ИСКЛЮЧЕНО	(あり得ぬことではない)	**Не исключено**, что сыщик всё-таки не найдёт преступника. **Не исключено**, что преступник всё ж таки обманет сыщика.
ПОЖАЛУЙ	(多分)	**Пожалуй**, тогда сыщика уволят. **Пожалуй**, тогда преступник совершит новое преступление.

[1]騙す

(3) НАМЕРЕНИЕ　意図

表現、手段	表現内容	例文
СОБИРАТЬСЯ+動詞不定形	(…するつもりである)	Студент **собирался** выучить русский язык. Преподаватель **собирается** научить студентов русскому языку.
ДУМАТЬ+動詞不定形	(…しようと思う)	Студентка тоже **думала** заняться русским языком. Преподаватель **думает** заставить студентов учиться.
НАМЕРЕВАТЬСЯ+動詞不定形	(…しようと企てる)	Студенты **намеревались** выучить русский язык за десять лет. Преподаватель **намеревается** добиться этого за два года.

Вопросы для развития устной речи

1. Где работает Иван Сакуровский?
2. Кем он работает?
3. Как Иван Сакуровский хотел бы проводить выходные и праздники?
4. Как ему приходится проводить выходные дни?
5. Кто позвонил Сакуровскому в выходной день рано утром?
6. По какому делу звонил Сакуровскому его начальник?
7. Что произошло в Музее искусства народов Востока?
8. Что увидел хранитель коллекции, когда пришёл на работу?
9. Какая гравюра исчезла?
10. Какую ценность представляет украденная гравюра?
11. Что изображено на исчезнувшей гравюре?
12. Почему хранитель коллекции выбрал эту гравюру для выставки?
13. Есть ли в музее копия украденной гравюры?
14. Когда, по-вашему, произошла кража в музее?
15. Что думает об этой краже следователь Сакуровский?

Глава 2

Токио. Воскресенье. 15 августа ... года.

Августовская **жара** навалилась* на город. Казалось*, что ещё немного и* начнёт таять* асфальт*. 38 градусов по Цельсию, да ещё при* 90 **процентах** влажности* - это не **шутки**! Летом Токио **напоминает** раскалённую* печь*, в которой за какие-то грехи* обречены* жариться* 12 миллионов его **жителей**.

*押し寄せる *…ように見えた *もう少しで…*溶ける *アスファルト *…の時に *湿度
*赤熱する
*オーブン*罪*運命づける*焼かれる

Несмотря на воскресный полдень*, инспектор* районного управления полиции* Сиракаба Митидзанэ, сидел на работе и пытался* сосредоточиться*. Семья уже **привыкла** не видеть его **сутками**, поэтому Сиракаба не очень мучился угрызениями совести* из-за того, что давно обещанная* сыну и дочке поездка в зоопарк опять*(2)* была отложена*. Он уже не **помнил**, когда последний раз они ходили куда-нибудь все вместе: то срочная работа **мешала**, то он просто отсыпался* после долгих бессонных ночей.

*真昼 *検察官
*警察署
*試みる・やって見る *集中する
*後ろめたい
*約束する
*延期する
*寝不足を取り戻す

Ветерок* от вентилятора* помогал мало. Инспектор то и дело*(2)* вытирал **лоб платком**, но **рубашка** всё равно* противно* липла* к горячему, потному **телу**. «Эх, бросить бы всё, да на море поехать поплавать. Но делать нечего*: либо он сейчас доделает* этот отчёт*, либо ему надо будет прийти завтра рано утром и всё закончить до **появления** начальства*. Нет уж, лучше закончить сегодня. **Дело** вроде* пустяковое*, но служба есть служба».

*微風 *送風機、扇風機
*それでもやはり
*不快に *貼り付く
*仕方がない
*残った部分を最後まで仕上げる *報告書
*上司
*…ようだ *なんでもない、ささいな

Тяжело вздохнув*, Сиракаба вновь*(2)* взялся за ручку и продолжил*(1)* излагать* суть* происшествия*, из-за которого его вызвали в это неурочное* время:

*ため息をつく
*述べる、書く *要点 *事件
*都合の悪い、勤務時間外の

«...По показаниям* **хозяина** дома Тода Итиро, он проснулся около двух часов ночи от непонятного **шума** на первом **этаже**. Ему послышался* то ли стук, то ли глухой* **удар**, будто что-то **упало**. **Осторожно** спустившись* вниз, Тода обошёл* все комнаты первого этажа дома – **гостиную**, **столовую**, **кухню**, даже в **туалет** и **ванную** заглянул, но сначала ничего странного не заметил*. Внизу никого не было, и все окна были **закрыты**.

*供述によれば
*聞こえる
*にぶい
*降りる *ОБ+運動動詞=まわる
*気づく

Тода подумал, что ему не то **просто** показалось*, не то **звук** доносился* не из дома, а с улицы*. Лишь когда

*勘違いする
*聞こえる *外

вышел в **переднюю**, он увидел, что входная **дверь** не закрыта полностью*. Сначала Тода предположил*, что, вероятно*, вернувшись вчера домой навеселе* после вечеринки* с сослуживцами*, забыл запереть* дверь. Он **закрыл** дверь **на ключ*** и собирался снова*(2)* идти спать, но вдруг обнаружил*, что на **стене** гостиной не хватает* одной гравюры. Только после этого он позвонил в полицию.

*完全に *推測する
*おそらく *ほろ酔い気分で
*小宴会,コンパ *仕事仲間 *閉じる *ロックする
*発見する、気づく
*足りる

Прибывший наряд* при осмотре места* происшествия не обнаружил никаких отпечатков пальцев*, за исключением***(3)*** отпечатков самого Тода. Это объясняется тем, что Тода закоренелый* холостяк* и давно живёт уединённо*. Его родители умерли, и у него **почти** никто не **бывает**. Тода утверждает*, что из дома ничего не пропало* кроме *(3)* этой одной гравюры.

*班 *所、場所、現場
*指紋
*まったくの *独身者
*一人で
*断言する、明言する
*なくなる、消える

По словам* Тода, который работает в банке «Ямадзакура» простым служащим*, он плохо понимает в искусстве. Эта гравюра **осталась** ему в наследство* от родителей вместе с домом, в котором он сейчас живёт. Помимо*(3)* этой гравюры, в доме есть ещё несколько картин и рисунков*, но все они на месте. **Имела** ли украденная гравюра какую-то художественную ценность*, или была **просто** дешёвым сувениром*, Тода сказать не может. Имя художника Тода тоже не знает, так как* оно было написано скорописью*, которой Тода не понимает. На гравюре был изображён актёр театра кабуки, и это вся информация, которую мы смогли получить от него.

*話しによると
*事務員
*遺産として
*スケッチ、図画
*芸術的な価値
*土産
*= потому что
*草書

В ходе* **дальнейшего** опроса* Тода вспомнил,* что у него должны были остаться* фотоплёнки* с этой гравюрой. Тода увлекается* фотографией*. Поэтому просто из любопытства*, чтобы попробовать* новый фотоаппарат, он несколько лет назад сфотографировал* исчезнувшую* гравюру. Сами снимки* не **сохранились**, так как Тода или выкинул* их, или просто **потерял**, но плёнки удалось найти…»

*過程で *事情聴取 *思い出す *残る *フィルム
*熱中する *写真
*好奇心 *試す
*写真にとる
*消える *写真
*捨てる

Часы **показывали** уже два часа, но Сиракаба по-прежнему*(1)* сидел на работе. Он ещё больше ослабил* **галстук** и покрутил* головой. «Чёртова* жара, - подумал инспектор. - Сейчас бы выпить банку* холодного* пива да* поспать несколько часов, а тут* ещё надо сидеть и*(1)* сидеть… И кому понадобилась* эта гравюра?!» Инспектор **достал** из кармана* пачку* **сигарет**. Он всё ещё*(1)* **курил** несмотря на неоднократные* попытки* бросить*. Но разве* на этой работе бросишь?! «Курение вредно* для здоровья». Прочитав по **привычке** эту

*緩める
*回す *いやな [鬼の](俗)
*缶 *冷やした
*＝И(口) *ところがどっこい
*必要になる
*ポケット*箱
*再三の *試み *やめる
*はたして…か
*有害な

надпись*, Сиракаба сокрушённо* покачал* головой. Затем прикурил от одноразовой* зажигалки* и, затянувшись* с большим наслаждением*, **выпустил** к потолку кольцо **дыма**. Потом достал из **бумажного** конверта несколько только что* доставленных* из **лаборатории** фотографий. Снимки были **цветные**, в натуральную* **величину** гравюры.

*書かれたもの *悲しげに*振り動かす *使い捨ての *ライタ *吸い込む *いかにもうまそうに

*…したばかり *届ける

*実物大の

На фотографиях была пропавшая из дома Тода гравюра. Сиракаба, глубоко **задумавшись**, рассматривал их. Незаметно для себя*, по профессиональной привычке инспектор стал **отмечать** особые приметы* изображённого человека. Как будто* перед ним было не **произведение** искусства, а обычное фото подозреваемого*. «Так, актёр кабуки. Это видно сразу и по* **костюму**, и по причёске,* да и поза* характерная*. По-видимому, он **играет роль** какого-нибудь самурая. Он нарисован в профиль* – голова повёрнута* налево, чуть* вытянутое* **лицо**, изогнутый* **нос**, раскосые* **глаза**, **тонкие брови**, чуть выступающий* **подбородок**, небольшой **рот**, плотно поджатые* **губы**. Кажется, нет ничего необычного* не считая(3), конечно, причёски … Стоп! - **приказал** сам себе инспектор. - Какое это имеет отношение* к делу?! Сейчас прежде всего* надо узнать имя художника».

*我知らず、無意識に

*特徴

*まるで

*容疑者 *…で分かる

*髪型 *姿勢 *独特の

*横顔 *向ける*少し

*細長い、面長の *曲がる*目じりのつり上がった *出っ張る

*固く結ぶ

*普通でない

*関係 *まず最初に

Сиракаба повторно(2) **попытался** прочитать имя, написанное в углу сложной* скорописью. «Да, **действительно** не разобрать*… Надо **обратиться** за **помощью к специалисту**. Может быть, это очень ценная* вещь…»

*複雑な

*判読する

*貴重な

Слова для запоминания

1. **жара・жаркий** 暑さ・暑い
2. **процент** パーセント
3. **шутка・шутить - пошутить** 冗談、いたずら・冗談をいう、ふざける
4. **напоминать - напомнить・напоминание** 思い出させる、ほうふつとさせる・思い出させること、知らせ
5. **жить・житель** 住む、暮す・住人、住民
6. **привыкать - привыкнуть・привычка** 慣れる、慣習になる・習慣、癖
7. **сутки** 昼夜
8. **помнить - запомнить・память** 覚える・記憶
9. **мешать - помешать・помеха** ①邪魔をする②かきまわす・障害物、邪魔
10. **лоб** ひたい
11. **платок** ①スカーフ、ショール　②ハンカチ
12. **рубашка** シャツ、ワイシャツ
13. **тело** 体
14. **появляться - появиться・появление** 現れる、姿を表す・出現、登場
15. **дело** ①仕事　②用事　③問題　④事件
16. **хозяин** 主人、支配者
17. **шум・шумный** ざわめき、騒ぎ、騒音・騒がしい、うるさい
18. **этаж** 階
19. **удар** 打撃
20. **падать - упасть・падение** 落ちる、倒れる；低下する・落ちること
21. **осторожный - осторожность** 注意深い、慎重な・注意深いこと、慎重、細心
22. **гостиная** 応接間
23. **столовая** 食堂
24. **кухня** ①台所　②料理
25. **туалет** トイレ、手洗い
26. **ванная** 浴室
27. **звук** 音
28. **передняя** 玄関
29. **дверь** 扉、ドア
30. **закрывать - закрыть・закрытие** 閉じる、閉める・閉じること、閉鎖
31. **ключ** カギ、キー
32. **стена** 壁
33. **почти** ほとんど
34. **бывать** ①よくある、よく現れる　②いる，行く、来る　③ときに…である
35. **оставаться - остаться・остаток** ①残る　②（+造）…ままでいる・残り、残高

36. **иметь・иметься** ①所有する　②持つ　③ついている・…がある、存在する
37. **простой・просто** ①簡単な、平易な　②純朴な、直接な・①単純だ、②なんとなく
38. **дальнейший** 今後の・それ以上の
39. **сохраняться - сохраниться** 保存する・残る
40. **терять - потерять・потеря** なくす、失う・喪失、損失
41. **показывать - показать・показ** 見せる・示す・案内する・公表、指摘、上演
42. **галстук** ネクタイ
43. **доставать - достать** ①取り出す　②手に入れる　③届く
44. **сигарета** タバコ
45. **курить - закурить・курение** たばこを吸う
46. **привыкать - привыкнуть・привычка** 慣れる・習慣、癖
47. **выпускать - выпустить・выпуск** ①外へ出す、放つ　②世に送る、送り出す、発行する・①出すこと、放出　②生産　③発行　④卒業させること
48. **дым** 煙
49. **бумага・бумажный** 紙・紙の
50. **лаборатория** ラボ、実験室、研究室
51. **цветной・цвет** 色付きの、カラーの・色、色彩
52. **величина** ①大きさ、容積　②数値
53. **задумываться - задуматься** 考え込む、物思いに沈む
54. **отмечать - отметить** ①印をつける　②指摘する　③記念する
55. **произведение** 作品
56. **костюм** 衣服、衣装、スーツ
57. **играть роль - сыграть роль・игра** 役を演じる・演技、ゲーム、遊び
58. **лицо** 顔
59. **нос** 鼻
60. **глаз** 目
61. **тонкий** 細い
62. **бровь** まゆ
63. **подбородок** あご
64. **рот** 口
65. **губа** 唇
66. **приказывать - приказать・приказ** 命令する、指図する・命令、指令
67. **пытаться - попытаться・попытка** …しようと試みる、努める・試み
68. **действительно・в действительности** ①実際に、本当に　②確かに・実際には、現実には
69. **обращаться - обратиться・обращение** ①話しかける、頼る　②向く　③着手する・①向けること②訴えること、アピール
70. **специалист** 専門家

(1) ПРОДОЛЖЕНИЕ ДЕЙСТВИЯ 行為の継続

表現・手段	表現内容	例文
ПРОДОЛЖАТЬ	（続ける）	Ученики **продолжали** лениться[1]. Учитель **продолжает** сердиться[2].
ВСЁ ЕЩЁ	（まだ、いまだに）	Ученики **всё ещё** отлынивали[3]. Учитель **всё ещё** злится[4].
ПО-ПРЕЖНЕМУ	（相変わらず）	Ученики **по-прежнему** били баклуши[5]. Учитель **по-прежнему** кипятился[6].
動詞 **И** 動詞	（ただもう…するばかり）	Ученики ленились **и** ленились. Учитель сердится **и** сердится.

[1]怠ける　[2]怒る　[3]サボる　[4]いらいらする [5]のらくらしている [6]激する

(2) ПОВТОРЯЕМОСТЬ ДЕЙСТВИЯ 行為の反復

表現・手段	表現内容	例文
ОПЯТЬ	（また、再び）	Студенты **опять** забыли сделать домашнее задание. Преподаватель **опять** будет объяснять правило[1].
СНОВА	（さらに、新たに）	Студенты **снова** забыли выучить слова. Преподаватель **снова** будет расстроен[2].
ВНОВЬ	（再び、新たに）	Студенты **вновь** не прочитали текст. Преподаватель **вновь** недоволен[3].
ПОВТОРНО	（再度、２度目）	Студенты **повторно** не пришли на урок. Преподаватель **повторно** задал тот же урок.
ТО И ДЕЛО	（ひっきりなしに）	Студенты **то и дело** поглядывали на часы. Преподаватель **то и дело** вызывал студентов к доске.

[1]規則、ルール [2]打ちひしがれた [3]不満な

(3) ИСКЛЮЧЕНИЕ 除外

表現・手段	表現内容	例文
КРОМЕ+生格	（以外に）	Все, **кроме** автора, знают, чем кончится рассказ. **Кроме** меня никто об этом не знает.
НЕ СЧИТАЯ+生格	（を除いて）	Их было трое, **не считая** собаки. Все, **не считая** меня, смеялись и громко разговаривали.
ЗА ИСКЛЮЧЕНИЕМ+ 生格	（のほかに）	Все, **за исключением** сыщика, знают тайну. **За исключением** нескольких человек, никто ничего не подозревал[1].
ПОМИМО+生格	（抜きで）	**Помимо** читателей никто не читает книг. Обычно он ничего не читает **помимо** газет.

[1]推測する、気づく

Вопросы для развития устной речи

1. Какая погода стоит летом в Токио?
2. Кем и где работает Сиракаба Митидзанэ?
3. Что обещал Сиракаба своим детям в это воскресенье?
4. Из-за чего пришлось отложить поездку в зоопарк?
5. Почему Сиракаба вызвали в неурочное время на работу?
6. Что произошло в доме господина Тода?
7. Как Тода обнаружил кражу?
8. Что было украдено в доме Тода?
9. Имеет ли украденная гравюра художественную ценность?
10. Что было изображено на украденной гравюре?
11. Знает ли хозяин имя художника?
12. Сохранилась ли копия этой гравюры?
13. Обнаружены ли отпечатки пальцев на месте происшествия?
14. Что делает инспектор Сиракаба в воскресный день на службе?
15. Пытался ли инспектор бросить курить?
16. О чём он мечтает в этот жаркий день?

Глава 3

Москва. Воскресенье. 15 августа ... года.

Загородный ресторан «Царский ужин» **славился** своей **замечательной** русской кухней*. **Выбор** блюд* был настолько большой, что* глаза разбегались*. Конечно, это было **удовольствие** не для **бедных**, зато **любой** гурман* мог найти что-нибудь по* своему **вкусу**. Поэтому в ресторане почти* всегда было много народу. Столик* **на** выходной день надо было **заказывать** чуть ли не* за месяц, но не только вкусная еда привлекала* посетителей.

*料理 *単品料理
*…するほど…だ *目移りしてしまう *美食家、食通
*…に会う
*ほとんど *レストランのテーブル席
*ほとんど＝почти
*引き寄せる

Сама удалённость* ресторана от шумного* города, приятная **атмосфера** и хорошее обслуживание* сделали его любимым местом для конфиденциальных* **бесед** людей определённого **круга** – прежде всего* **крупных политиков** и **бизнесменов**. Часто бывали здесь и главари* мафии* Москвы, так называемые* уголовные* **авторитеты**, однако по **внешнему виду** они ничем не **отличались** от других **богатых** клиентов.

*遠く離れていること *騒がしい *サービス
*内密の
*まず第一に
*頭目、ボス *マフィア *いわゆる *犯罪人の

Поэтому ни у кого не вызвал* удивления* большой чёрный лимузин, который, тихо урча* **мощным мотором**, проехал через роскошные* **ворота** с **колоннами** и **мягко** подкатил* ко входу в это шикарное* заведение.* Едва*(4)* автомобиль остановился, как из сопровождавшего* «Мерседес» джипа быстро выскочила* вооружённая* охрана* с **автоматами**.

*呼び起こす *驚き
*うなる
*贅沢な
*乗りつける *豪華な *施設
*随行する *飛び出る
*武装する *護衛

Лишь* после этого задняя* дверца* «Мерседеса» **открылась**. Вышедший из машины господин с «дипломатом»* в руках*, не глядя ни на кого, быстро прошёл внутрь* ресторана, а затем, сопровождаемый услужливым* **официантом**, в отдельный кабинет. Видимо*(2)*, здесь он был частым* и важным гостем*.

*=только *後ろの *車のドア
*アタッシュケース *手にして *中へ
*親切な、よく尽くす、サービス満点の *常連の *上客

Как только*(4)* он вошёл, навстречу* ему из-за столика встал* человек небольшого **роста** с явно* азиатской внешностью*:

*…に向かって
*立ち上がる *明らかに
*外見

- Здравствуйте, господин Петров!
- Рад видеть* вас, господин Мунаев!
- Всё прошло* успешно*?
- Не **волнуйтесь**, у нас сбоев* не бывает, - вошедший показал* на принесённый «дипломат». - Надеюсь*, и вы принесли всё, как **договаривались**?
- Можете не **сомневаться**, - с этими словами «Мунаев» достал из-под стола точно* такой же

*お久しぶりです(挨拶)
*行われる、行く *うまく
*失敗
*指し示す*期待する、思う
*まったく

«дипломат» и **тут же***(4)* открыл его. На дне* лежало несколько пачек* долларов.

«Петров» удовлетворённо* кивнул*:

\- **Кстати**, давно* собирался спросить у вас, где это* вы так хорошо выучили русский язык? Говорите почти без акцента.* **Очевидно***(2)*, вы учились здесь, в России?

\- Нет-нет, просто у меня были хорошие преподаватели, да и я сам старался* как мог*. Как говорится, под лежачий **камень** вода не течёт*, не так ли*? - «Мунаев» **улыбнулся**.

\- Раз* вы такой знаток* русского, то должны знать и наши обычаи*. По русской **традиции**, **завершив***(1)* дело, его надо обмыть*!

\- Я с удовольствием!

«Петров» нажал кнопку* на столе. Через*(4)* несколько секунд вошёл официант. Похоже*(2)*, он никуда не уходил и просто **ждал** за дверью. За его **спиной** маячила* **фигура** охранника. Официант протянул меню:

\- Чего изволите? *

\- Нам бы холодной* **закуски** – икры, рыбы, салатов **всяких**. Сам решишь*. Ну и, конечно, водки. И **бутылку** минеральной воды, - сказал «Петров», отстраняя* рукой предложенное меню.

\- **Горячее** что-нибудь будете? – спросил официант.

«Петров» вопросительно* посмотрел на «Мунаева».

\- Я бы съел что-нибудь **мясное**, только не очень **острое**.

\- Может быть поросёнка* с хреном* или медвежатину* в бруснике*? – предложил* официант. – Только что*(3)* привезли.

\- Кажется*(2)*, медвежатину я ещё не ел. Это вкусно? – «Мунаев» обратился* к «Петрову».

\- Вкусно, вкусно! – **засмеялся** тот. – Всё* боитесь*, что русский медведь вас съест, а тут **наоборот** - вы его **попробуете**. Ладно, это я шучу. А ты чего* стоишь, неси* медвежатину, - «Петров» коротко **взглянул** на официанта.

\- Мне же **пока** осетрины* с грибами*, а потом посмотрим, - приказал он.

\- Слушаюсь, - закончив*(1)* принимать заказ*, официант проворно* исчез, однако почти сразу же*(4)* вернулся с подносом*, на котором лежали **ножи**, **вилки**, **ложки**, стояли **тарелки** с **разнообразными** деликатесами* и запотевший* графин* с водкой.

Когда за официантом вновь закрылась дверь, «Петров», известный как глава* одной из мафиозных

*底
*束
*満足げに *うなずく
*ずっと前から *いったいどこ
*なまり
*努力する *出来るだけ
*まかぬ種は生えぬ
*そうじゃありませんか
*＝если (口語) *達人
*習慣
*祝って飲む (洗う)
*ボタン
*見える、目につく
*何にいたしましょうか
*冷やした
*決める、適当にみっくろう
*脇へどける
*問いかけるように
*子豚 *西洋わさび
*熊肉 *コケモモ *すすめる
*語りかける、言う
*ずっと*恐れる、心配する
*почему(俗) *持って来る
*ちょうざめ *きのこ
*注文
*すばやく
*盆
*珍味 *曇る *ガラス瓶
*首領

группировок* Владимир Северный, сказал:

- По русскому обычаю у нас просто так* не пьют. Надо тост сказать. Вот я и **предлагаю** выпить за то, что мы **успешно** завершили*(1)* дело. Вроде*(2)* всё в порядке*?

- Да, спасибо. За благополучное* окончание*!

Они чокнулись*. «Петров» одним махом* справился*(1)* с водкой, «Мунаев» же отпил немного и поставил недопитую рюмку* на стол. Он хотел бы научиться пить водку как русские – до **дна**, залпом*, да не мог, **здоровье** не позволяло*, да и **пьянел** почти тотчас же*(4)*.

Часа через два, когда всё было съедено и выпито, слегка захмелевший* «Мунаев» вышел из ресторана с «дипломатом» в руках и сел в поджидавший* его скромный* автомобиль «Жигули», стоявший с включённым **двигателем**.

«Мунаев», как и его собеседник, Владимир Северный, тоже **предпочитал** не **пользоваться** своей **настоящей** фамилией. Зачем привлекать **внимание***? Здесь ведь не Япония, где **иностранцу** скрыть* своё происхождение* почти невозможно*. В России же людей с подобной* ему азиатской наружностью* немало, да и акцент многих **граждан** этого **государства гораздо сильнее**, чем у него.

Сев в машину, «Мунаев» буркнул* дремавшему* **водителю**: «Домой!». Устроившись* удобнее* на заднем сидении,* ещё несколько минут назад*(3)* оживлённо* говоривший «Мунаев» тут же*(4)* заснул.

*団
*理由なしで
*うまく行く、調子がいい
*順調な、無事の *終わり
*杯等を触れ合わせる *一息に
*杯
*一気に
*許す
*酔っ払う
*待つ
*簡素な
*注意を惹く
*隠す
*出身*不可能
*似ている*外見
*つぶやくように言う *まどろむ *身を置く、座る*もっと楽に *シート *生き生きと

Слова для запоминания

1. **славиться - прославиться・слава** 有名である、有名になる・光栄；名声
2. **замечательный** すばらしい、注目すべき
3. **выбор** ①選択　②選択範囲
4. **удовольствие** 喜び、快感、満足
5. **бедный** ①貧しい、貧乏な　②貧弱な、粗末な
6. **любой** 任意の、どんな…も
7. **вкус・вкусный** ①好み　②味・うまい、順調な
8. **заказывать - заказать・заказ** 注文する・注文
9. **атмосфера** ①大気　②雰囲気
10. **беседа・беседовать** ①話し合い、会談 ②会見・…と会話する,相談する
11. **круг・круглый** ①円、輪　②範囲、領域・円い
12. **крупный** 大きな、偉大な
13. **политика・политик** 政治、政策・政治家
14. **бизнес・бизнесмен** ビジネス・ビジネスマン
15. **авторитет** ①権威　②権威者、大家
16. **внешний・внешность** ①外部の、外面的な ②国外の、対外的な・外観
17. **вид** ①外見、様子 ②見ること、視界 ③眺め
18. **отличаться - отличиться・отличие** ①違っている,目立っている②優れている・違い,差異
19. **богатый・богатство** ①富んだ、金持ちの ②豊富な・宝、豊富
20. **мощный・мощность** 強い、強力な；大出力の・力強さ、出力、生産力
21. **мотор** モーター、エンジン
22. **ворота** 門、門の扉
23. **колонна** ①円柱 ②縦列、縦隊
24. **мягкий** 柔らかい、穏やかな
25. **автомат・автоматический** ①オートメーション装置；公衆電話 ②自動小銃・自動的な
26. **открываться - открыться・открытие** ①開く、開かれる ②発見する・①ひらくこと②発見
27. **официант** ウェーター
28. **рост・расти - вырасти** ①成長、増大 ②身長・成長する、大きくなる
29. **волноваться・волнение** ①興奮する、心配する ②慌てる・①興奮 ②波動
30. **договариваться - договориться・договор** 約束する・条約、契約

31.	**сомневаться・сомнение**	疑う・疑い、疑惑；疑問点
32.	**кстати**	ところで・ついでに・ちょうど都合よく
33.	**камень・каменный**	石、岩石・①石の②無表情な③冷淡な
34.	**улыбаться - улыбнуться・улыбка**	微笑む、にこり、にやりとする・微笑、ほほえみ
35.	**традиция・традиционный**	伝統；習慣、慣例・伝統的な
36.	**ждать - подождать・ожидание**	待つ・期待する・待つこと
37.	**спина**	背、背中
38.	**фигура**	体つき、姿、形
39.	**закуска**	前菜、さかな
40.	**всякий**	①(+単)各々の,どんな…でも②あらゆる③いかなる
41.	**бутылка**	瓶
42.	**горячий**	①熱い ②熱烈な、激しい ③短気な
43.	**мясо, мясной**	肉、肉の
44.	**острый**	鋭い・とがった・激しい・辛い
45.	**смеяться - засмеяться**	①笑う ②（над+造）嘲笑する
46.	**наоборот**	逆に
47.	**пробовать - попробовать**	試す・味わう・(+不定形）試みる
48.	**взглянуть・взгляд**	(на+対)目を向ける・①視線②目つき③考えかた,視点
49.	**пока**	①今のところ②する間に、取りあえず③じゃ、ね
50.	**нож**	ナイフ
51.	**вилка**	フォーク
52.	**ложка**	スプーン
53.	**тарелка**	皿
54.	**разнообразный**	様々の、多様な
55.	**предлагать -предложить・предложение**	提案する、申し出る、すすめる・提案、結婚の申し込み
56.	**успех・успешный**	成功、進歩、上達・首尾よい、うまい、順調な
57.	**дно**	水底、底
58.	**здоровье・здоровый**	健康；健康なこと・健康な
59.	**пьянеть・пьяный**	よっぱらう・酔った、酔っぱらい
60.	**двигатель**	エンジン
61.	**предпочитать - предпочесть・предпочтение**	（…する）ほうを選ぶ・好み
62.	**пользоваться - воспользоваться**	①(+造)利用する ②（名声、信用などを）得ている（不完了体のみ）
63.	**настоящий**	①現在の、この ②本当の、実際の
64.	**внимание・внимательный**	注意、注目・配慮・①注意深い ②親切な
65.	**иностранец・иностранный**	外国人・外国の
66.	**гражданин（граждане）**	①市民 ②大人、…さん
67.	**государство・государственный**	国家・国家の、国立の、国営の
68.	**гораздо**	はるかに、ずっと
69.	**сильный・сила**	強い、激しい、優れた・力
70.	**водить - вести・водитель**	①連れて通う ②連れて回る ③運転する・運転手

(1) ОКОНЧАНИЕ ДЕЙСТВИЯ 行為の終了

表現・手段	表現内容	例文
КОНЧАТЬ- КОНЧИТЬ 又 **ЗАКАНЧИВАТЬ- ЗАКОНЧИТЬ** +動詞の不定形及び対格	(終える)	Заключённые[1] **закончили (кончили)** рыть[2] подкоп[3]. Надзиратели[4] **заканчивают (кончают)** игру в карты.
ЗАВЕРШАТЬ- ЗАВЕРШИТЬ+対格	(終了する)	Заключённые **завершили** подготовку к побегу[5]. Надзиратели **завершают** осмотр тюрьмы[6].
СПРАВИТЬСЯ С+造格	(こなす)	Заключённые успешно **справились с** задачей и сбежали. Надзиратели не **справились с** работой и были уволены.

[1]囚人 [2]掘る [3]地下道 [4]看守 [5]脱走 [6]刑務所、牢獄

(2) НЕУВЕРЕННОСТЬ И ПРЕДПОЛОЖЕНИЕ 不確実・推測

表現・手段	表現内容	例文
ВИДИМО **ПО-ВИДИМОМУ** **ВИДНО (ВИДАТЬ)**	(きっと)	**Видимо** (**по-видимому, видно**), лучше учить русский язык, чем не учить **Видимо** (**по-видимому, видно**), ему так захотелось.
КАЖЕТСЯ	(らしい)	**Кажется**, что в будущем[1] знание русского языка будет полезным[2]. Он, **кажется**, не совсем понимал, что происходит.
ОЧЕВИДНО	(見たところ)	**Очевидно**, русский язык может пригодиться. Ему, **очевидно**, казалось, что только так и нужно поступить[3].
ПОХОЖЕ	(…のようだ)	**Похоже**, что выучившие русский язык найдут хорошую работу. Он был, **похоже**, немного не в себе[4].
ВРОДЕ	(…のようだ)	**Вроде** мне так говорили. Он **вроде** и сам говорил об этом.

[1]将来 [2] 役に立つ [3] 振舞う、行動する [4] 我を失って

(3)НЕПРОДОЛЖИТЕЛЬНОСТЬ СОСТОЯНИЯ 状態の非継続性

表現・手段	表現内容	例文
СЕКУНДУ (МИНУТУ) НАЗАД+動詞の過去形	(一瞬間前) *状態が急に変わる*	**Секунду** (**минуту**) **назад** я ещё был на улице. **Минуту назад** он ещё смеялся, а теперь плачет.
ТОЛЬКО ЧТО+動詞の過去形	(たったいま) *+不完了体=ちょっと前に終わった*	Она **только что** бежала *(теперь уже не бежит)*. Она **только что** бегала *(теперь уже не бегает)*. Он **только что** спал *(теперь уже не спит)*.
	+完了体=ちょっと前に始まった	Она **только что** прибежала *(и сейчас находится здесь)*. Он **только что** заснул *(и сейчас тоже спит)*.

(4) БЫСТРОТА　ДЕЙСТВИЙ　行為の瞬時性

表現・手段	表現内容	例文
КАК ТОЛЬКО	(するとすぐ)	**Как только** мы пришли в ресторан, мы заказали водку. Он снял шляпу **как только** вошёл в комнату.
ЕДВА..., КАК	(するとすぐ)	**Едва** мы вошли, **как** заиграла музыка. **Едва** он вошёл, **как** все замолчали.
СРАЗУ	(すぐに)	Официант **сразу** принёс водку. Войдя в комнату, он **сразу** снял шляпу.
ТУТ ЖЕ	(即座に)	Мы **тут же** её выпили. Едва переступив порог, он **тут же** снял шляпу.
ЧЕРЕЗ СЕКУНДУ (МИНУТУ)	(たちまち)	**Через секунду** (**минуту**) все уже захмелели[1]. **Через минуту** он уже собрался уходить.
ТОТЧАС (ЖЕ)	(直ちに)	Все **тотчас же** затянули[2] песню. Мы **тотчас же** вздохнули с облегчением[3].

[1]酔う [2]歌い出す [3] ほっと胸をなでおろす

Вопросы для развития устной речи

1. Чем славился загородный ресторан «Царский ужин»?
2. Трудно ли заказать в этом ресторане столик на выходной день?
3. Люди какого круга посещали этот ресторан?
4. По какой причине они любили этот ресторан?
5. На какой машине приехал в ресторан глава мафиозной группировки?
6. Куда официант провёл важного гостя?
7. Кто ждал его в кабинете?
8. По какому делу они встретились?
9. Почему «Мунаев» так хорошо знает русский язык?
10. Что заказали «Петров» и «Мунаев» в ресторане?
11. За что они пили?
12. Чему хотел бы научиться «Мунаев» у русских?
13. Как они пили водку?
14. Как уезжал из ресторана «Мунаев»?
15. Трудно ли иностранцу в России скрыть своё происхождение?
16. Что делал в машине «Мунаев»?

Глава 4

Аэропорт «Шереметьево-2». Понедельник.16 августа...года.

Глава* Московского отделения* секты* «Дети истины» Дзиро Ямамото ехал на такси в **международный аэропорт** «Шереметьево-2». На коленях* у него был «дипломат». Кроме «дипломата» у Ямамото был с собой только **лёгкий**, **весом** килограммов пять-шесть, **чемодан** с колёсиками*, который сейчас лежал в багажнике* машины.

*指導者 *支部 *宗派
*膝
*キャスター
*トランク

Когда такси подъехало к **зданию** аэропорта и остановилось, Ямамото расплатился с* **шофёром**, достал из багажника свой чемодан и покатил* его по направлению к*(3)* аэровокзалу. Его лицо ничего не выражало* и было похожим на*(1)* маску*, но на душе не было **спокойно***.

*勘定をすませる
*(車輪があるものを)動かす、ころがして行く
*表す、表現する *仮面
*心が落ち着かぬ

Он **быстрыми шагами** направился в сторону*(3)* **таможни**. До вылета* оставалось ещё **полтора** часа, но один раз он уже едва не*(2)* **опоздал** на рейс, так что лучше **поторопиться**. Ведь не исключено*, что на таможне будет **очередь**.

*出発、離陸
*ひょっとして

Подойдя к **стойке** таможенного контроля, он **протянул** свой паспорт и **заранее заполненную*** таможенную **декларацию**. Инспектор мельком* взглянул на паспорт, потом просмотрел* декларацию. В графе* «Антиквариат* и **предметы** искусства» было написано «нет». Таможенник внимательно посмотрел на Ямамото, будто бы* оценивая* его **честность**. Обычно известных своей законопослушностью* японцев **старались** не **трогать**, но **накануне** был приказ **усилить** контроль. Говорили, что из музея украли гравюру. Существовала опасность, что её попытаются тут же вывезти **заграницу**. Конечно, было неизвестно, будут ли пытаться это сделать сразу, или спустя **некоторое** время, но то, что раньше или позже* такая попытка будет предпринята*, не **вызывало** сомнений.

*記入する、書き込む
*ちらっと
*目を通す *項目 *骨董品、古美術
*…のような感じで *判断する、値ぶみする *遵法精神
*遅かれ早かれ
*取り掛かる、実践する

Видно, таможенника что-то насторожило*. Возможно, что **спокойствие** японца ему **показалось** нарочитым*.

\- Я хотел бы осмотреть* ваши вещи. Откройте, пожалуйста, ваш чемодан.

*警戒させる
*故意の、わざとらしい
* 検査する、調べる

Ямамото достал из кармана ключи и открыл чемодан. Таможенник ловко* и быстро просмотрел и прощупал* его содержимое*. Даже крышку* простучал*. Непонятно,

*上手に *触って調べる
*中身 *ふた *叩いて調べる

искал он двойное* дно или старался обнаружить **иной** какой–нибудь тайник*. Кажется, ничего подозрительного* он не **нашёл**.

- А теперь ручную кладь,* пожалуйста.

Ямамото положил на **стойку** свой «дипломат», щёлкнул* замками и замер подобно(1) статуе*. Внутри был фотоаппарат, простой дорожный* несессер* наподобие(1) тех, что продают в магазинах для **туристов**, и несколько **художественных** альбомов*. Эти альбомы сразу привлекли внимание таможенника, и он стал внимательно их перелистывать*.

- Что-нибудь не так*, господин инспектор? Это ведь не старинные* издания*, запрещённые* для вывоза. Я боюсь, как бы не опоздать* на самолёт, - **впервые** за всё время* осмотра* заговорил Ямамото.

- Не **беспокойтесь**, вы прекрасно* успеете,* - таможенник вытащил* **очередной** альбом. При этом* лицо его явно напряглось*. Альбом **назывался** «Японские гравюры в собраниях музеев России».

«**Неужели** им уже всё известно?! - подумал Ямамото. – Быстро работают. Но даже если и известно, то **главного** они уже всё равно* не узнают, спросить не у кого. А просто придраться* они тоже не могут, не к чему, только если …»

«Вот так* совпадение*, - размышлял таможенник. – Только вчера **сообщили** про кражу японской гравюры, а тут через границу альбом про них везут. Интересно, нет ли среди иллюстраций украденной? А даже если есть, то что?! Не оригинал* же ведь, не подлинник*…»

Просмотрев все вещи и не обнаружив ничего подозрительного*, инспектор обратился* вновь к Ямамото:

- Это **весь** ваш **багаж**?
- Да, весь.
- Хорошо. Проходите, - инспектор поставил* на **бланк** декларации свою **печать** и протянул **документы** Ямамото.
- **Следующий**.

Ямамото закрыл кейс, взял его в левую руку, правой достал из **внутреннего** кармана свой билет **экономического** **класса** и, сохраняя* видимое* спокойствие, пошёл к стойке регистрации пассажиров* на рейс SU 583 Москва-Токио. «Кажется, пронесло*. Чуть не(2) выдал* себя. Хорошо, что не поленились* достать* бумагу такую же, как и(1) в альбоме. Цветной ксерокс*

*二重の
*隠し場所 *疑わしい
*手荷物
*かちっと音を立てて開く*彫像 *旅行用の *化粧道具入れ
*イラストアルバム、画集
*めくる、めくって見る
*何かご不審でも
*昔の *出版物 *禁じる
*遅れる
*…の時に、…の期間に*検査
*十分に *間に合う
*取り出す *これをして、その際に *緊張する、こわばる
* それでもやはり
*文句をつける
*なんという… *一致(偶然の)
*オリジナル *原本
*疑わしい *問いかける
*押す
*保つ *うわべの、外面だけの *乗客
*無事に終わる(口)
*ばれる *怠る *手に入れる
*コピー機

тоже не подвёл.* Копия получилась* отличная, словно(1) в типографии печатали. И вклеили* её в альбом аккуратно, не отличить от(1) настоящей **страницы**. А если бы вёз как отдельный* **лист**, даже копию, то точно* могли бы заподозрить*. Молодец, - похвалил* сам себя Ямамото, - классный* **метод придумал**! А оригинал может и в Москве пока полежать. Кто знает*, как дело* пойдёт. Может, оригинал совсем и не понадобится*. Только «Петрову» нужно было **лгать** про ценность гравюры, и про то, как он собирается продать её богатому коллекционеру в Японии. Иначе* как **объяснить**, почему он **заплатил довольно** приличную* сумму за то, чтобы украли ничего не сто́ящий сам по себе* лист бумаги».

*期待を裏切る *できあがる
*差し挟む

*個別の *確かに
*嫌疑をかける *ほめる
*すばらしい(口)

*そんなこと誰にも分からない*事 *必要になる

*そうでないと
*相当の
*それ自体として

Сдав чемодан **в багаж*** и **попросив место** для некурящих у прохода*, Ямамото стал в очередь на паспортный **контроль***. Ещё **пару** метров и всё* – он в **безопасности**. **Граница** останется позади, а впереди только девять часов **полёта**, и он уже в Токио.

*荷物として預ける
*通路

*パスポート・チェック *全部（終わり）

Пройдя без задержки* это последнее препятствие*, Ямамото поспешил в магазин беспошлинной торговли*. Ведь надо **купить подарки** для друзей и **знакомых**. А то в Москве всё* руки не доходили*…

*滞りなく *障害
*免税店

*ずっと*手が届かない、ひまがない

Слова для запоминания

1.	**международный аэропорт**	国際空港
2.	**лёгкий**	①軽い ②容易な
3.	**вес**	重さ；重量
4.	**чемодан**	スーツケース
5.	**здание**	建物、ビル
6.	**шофёр・водитепь**	運転手
7.	**душа**	①魂、霊魂 ②心、感情 ③人、一人
8.	**спокойный・спокойствие・покой**	静かな、穏やかな、おとなしい・静けさ、冷静・静寂、平静
9.	**быстрый・быстрота**	①速い ②緊急な・速さ
10.	**шаг**	一歩、歩み、歩調
11.	**таможня**	税関
12.	**полтора**	１つ半、1.5
13.	**опаздывать - опоздать・опоздание**	遅れる、遅刻する・遅刻
14.	**торопиться - поторопиться**	急ぐ
15.	**очередь**	①順番、番 ②行列、列
16.	**стойка**	カウンター
17.	**протягивать - протянуть**	①張る、延ばす ②（手を）延ばす、差し出す
18.	**заранее**	事前に；前もって、あらかじめ
19.	**заполнять - заполнить**	①いっぱいにする,満たす,埋める②...に記入する
20.	**декларация**	申告書
21.	**предмет**	①物、品物 ②対象、テーマ ③科目
22.	**честный・честность**	正直な、誠実な・誠実、正直
23.	**стараться - постараться・старательный・старание**	努力する、努める・勤勉な、熱心な・勤勉、熱意、努力
24.	**трогать - потрогать**	①触れる、触る ②手をつける ③かまう、干渉する
25.	**накануне**	前日に、直前に
26.	**усиливать - усилить**	強める、強化する
27.	**граница・заграница**	境界、国境・外国
28.	**некоторый**	①ある、ある種の ②いくつかの、若干の
29.	**вызывать - вызвать・вызов**	①呼び出す ②引き起こす、もたらす・①呼び出し ②抗議、挑戦
30.	**казаться - показаться**	①（＋造）見える ②（＋что）思われる
31.	**иной (=другой)**	①他の、別の ②ある、何らかの
32.	**искать - выискать・поиск**	①捜す ②求める、ねらう・探すこと、探求
33.	**турист**	旅行者
34.	**художественный・художник**	①美術の、芸術的手法の ②芸術的な・画家、芸術家
35.	**впервые**	はじめて

36. **беспокоиться - побеспокоиться・беспокойство** 心配する、気にかける・心配、不安
37. **очередной・очередь** ①次の ②定例の、定期の・①順、順番②行列
38. **называться - назваться** …と呼ばれる、…という名だ
39. **неужели** 本当に…か、はたして…か
40. **главный** 主な、主要な
41. **сообщать - сообщить・сообщение** 伝える、知らせる・①伝達,報道 ②交通、連絡
42. **весь** 全部
43. **багаж** 荷物
44. **бланк** 用紙
45. **печать** ①印、判 ②印刷物
46. **документ** ①書類、文書 ②身分証明書 ③文献、資料
47. **следующий・следовать - последовать** 次の、次のような・続く、従う、ついて行く
48. **внутренний・внутри** ①内部の、内面の ②国内の、対内的な・内側に、内部に
49. **экономический・ экономика** 経済的な、エコノミー・経済、経済学
50. **класс** ①階級 ②学年、級、組 ③教室
51. **рейс** 運行、便
52. **страница** ページ
53. **лист** ①葉 ②一枚
54. **метод** 方法、やり方
55. **придумывать - придумать** 考え付く
56. **лгать - солгать・ложь** うそをつく・嘘
57. **объяснять - объяснить・объяснение** 説明する・説明、解釈
58. **платить - заплатить・плата** 支払う、払う・支払、賃金
59. **довольно** ①満足そうに ②かなり ③十分だ、沢山だ
60. **сдавать - сдать** ①返す、預ける ②引き渡す③（試験等）を受ける
61. **просить - попросить・просьба** 頼む、求める・依頼、頼み
62. **место・местный** 場所、座席、地位、現地・地域の、地方の,現地の
63. **контроль・контролировать - проконтролировать** 管理、検査、チェック・管理する、検査する、チェックする
64. **пара** １対、１組、１双、ペア
65. **безопасность・безопасный** 安全・安全な
66. **граница・заграницу** 境、国境・外国
67. **полёт** 飛行、フライト
68. **покупать - купить・покупка** 買う・買い物
69. **подарок・дарить - подарить** 土産、プレゼント・贈る
70. **знакомый** ①知り合いの、知人 ②知っている、聞き(見)覚えがある

(1)ПОХОЖЕСТЬ И СРАВНЕНИЕ 類似と比較

表現・手段	表現内容	例文
ПОХОЖИЙ НА +対格	（に似ている）	Он **похож на** меня. Это совсем **на** него не **похоже**.
НАПОМИНАТЬ+対格	（思い出させる）	Он всем **напоминает** меня. Это вам ничего не **напоминает**?
НАПОДОБИЕ+生格	（ごとき、に似た）	У него даже походка[1] **наподобие** моей. Мне нужно что-то **наподобие** большой кастрюли[2].
ТОЧНО・СЛОВНО+主格	（まるで）	Он **точно** моё отражение. У тебя руки **словно** лёд.
ПОДОБНО+与格	（同様に） *特に他人に例えるとき*	Он всё делает **подобно** мне. Он, **подобно** своим предкам[3], мудр и весел.
ТАКОЙ ЖЕ (, КАК)	（そっくり、同じ）	Он **такой же, как** я. В этом музее есть **такая же** картина
НЕ ОТЛИЧИТЬ ОТ+生格 **НЕОТЛИЧИМЫЙ ОТ**+生格	（見分けがつかない）	Его совсем **не отличить от** меня. Он мой близнец.[4] Двое близнецов **неотличимы** друг **от** друга.

1 歩きぶり 2 なべ 3 祖先 4 双子

(2) ОПАСЕНИЕ В ПРОШЛОМ 過去における危惧

表現・手段	表現内容	例文
ЧУТЬ НЕ	（あやうく、すんでのところで）	Она **чуть не** упала на лестнице. Он **чуть не** попал под машину.
ЕДВА НЕ	（あやうく）	Она **едва не** купила дорогое кольцо с бриллиантом[1]. Он **едва не** опоздал на урок.

1 ダイヤモンド

(3) НАПРАВЛЕНИЕ 方向

表現・手段	表現内容	例文
ПО НАПРАВЛЕНИЮ К +与格	（…の方向へ）	Мы шли **по направлению к** ним. Они тоже шли **по направлению к** нашему дому.
В СТОРОНУ+生格	（…の側へ）	А они шли **в сторону** стадиона. Мы тоже идём **в сторону** их дома.
В НАПРАВЛЕНИИ+生格	（…の方向へ） *主に地名の場合、軍人は良く使う*	Все машины двигались **в направлении** Москвы (**в** *московском* **направлении**). **В направлении** Киева (**в** *киевском* **направлении**) не было ни одной попутки[1].

1 同じ方向に行く車

Вопросы для развития устной речи

1. Кто такой Ямамото Дзиро?
2. Какой багаж он вёз в аэропорт?
3. Почему он торопился?
4. Что написал в таможенной декларации Ямамото?
5. Почему таможенник решил осмотреть вещи Ямамото?
6. Как таможенник осматривал чемодан Ямамото?
7. Что находилось в «дипломате»?
8. Какие вещи Ямамото привлекли внимание таможенника?
9. О чем размышлял таможенник, осматривая художественные альбомы?
10. Обнаружил ли таможенник что-нибудь подозрительное в багаже Ямамото?
11. Почему Ямамото сохранял спокойствие при таможенном осмотре?
12. Что везёт в альбоме «Японские гравюры» Ямамото?
13. Почему таможеннику не удалось обнаружитькопию украденной гравюры?
14. Сколько он заплатил за кражу гравюры в музее?
15. Как он объяснил «Петрову» необходимость этой кражи?
16. Что делал Ямамото в магазине безпошлинной торговли?

Глава 5

Токио. Вторник. 17 августа ... года.

Инспектор Сиракаба чуть не проспал* на работу. Он **лёг** вчера **поздно**, но долго не мог **заснуть**. Эта, казалось бы, заурядная* кража почему-то не **давала** ему **покоя**. «Сейчас самое главное - установить, какая гравюра была украдена. А для этого нужен эксперт*…».

*寝すごす
*普通の
*専門家

Когда Сиракаба наконец* **заснул**, было уже три часа ночи. А будильник* он, как правило(1), ставил на* шесть часов. Жил он **далеко** за городом*, потому что жильё* там было **дешевле**. У него не **хватало** зарплаты*, чтобы снять* что-то ближе к центру. Поэтому каждый(1) день он обычно(1) тратил на(2) дорогу* четыре часа: два туда* и два **обратно***.

*ついに、やっと
*目覚し時計 *アラームを設定する *郊外 *住まい
*給与
*借りる
*道のり *行き *帰り

Когда зазвонил будильник, Сиракаба его просто не услышал. Хорошо, что жена **разбудила**. Правда, на* это ей понадобилось(2) минут пять. На завтрак уже времени не **хватало**. Наскоро* умывшись*, почистив зубы* и побрившись*, Сиракаба помчался* на станцию. Чего доброго(3), опоздаешь на электричку*, которая **отправляется** в двадцать минут седьмого. Следующая отходит* только через десять минут, а ему ещё надо успеть сделать пересадку*.

*…のため
*急いで *洗面する *歯を磨く *ひげをそる *疾走する
*電車
*発車する、出る
*乗り換え

Размахивая* проездным **билетом***, Сиракаба вбежал на станцию, едва не сбив с ног* контролёра* на входе. Он успел вскочить* в уже закрывающуюся дверь последнего **вагона**, и лишь тогда перевёл дух*. «Неровён час(3), попадёшь под* **поезд** когда-нибудь» - мысленно* отругал* себя Сиракаба. Но теперь можно было не опасаться, что(3) он опоздает. Как и многие другие **пассажиры**, Сиракаба тут же задремал. *

*振り上げる *定期券
*倒す *検礼係
*飛び乗る
*息を継ぐ
*ひかれる *頭の中で *ののしる
*うとうとする

Ровно* через два часа он уже входил в **полицейское** управление. Прибыв на рабочее место*, Сиракаба стал размышлять*, куда ему обратиться по **поводу*** гравюры. Можно, конечно, сделать официальный запрос*, но он боялся, что (3) это займёт(2) слишком* много времени – того и гляди(3), упустишь* преступника*. Он не знал, как **поступить**. Промедление* грозило(3) **опасной** потерей* времени. И тут он **вспомнил** о старом **приятеле** своего отца, **знаменитом** своими **исследованиями** в **области культуры** профессоре Кавагоэ. Раньше Кавагоэ часто(1) бывал(1) у них дома. Несмотря на преклонный **возраст***,

*丁度
*仕事場 *考える
*に関して
*問い合わせ
*あまりに
*取り逃がす *犯人
*遅滞 *喪失
*高齢

он был по-прежнему* **крепок** и всё ещё* преподавал **историю** искусств в одном из* частных университетов. Может быть, он сможет **определить**, чья эта работа и насколько она ценна.

*以前のように *いまだに、相変わらず *(ものの中の)ひとつ

Достав свою записную книжку*, Сиракаба несколько раз перелистал* её, прежде чем* нашёл **нужный** телефон, потом быстро набрал номер*. **К счастью**, он застал* профессора Кавагоэ дома. Оказалось*, что у профессора по вторникам*(1)* **лекция** в первой половине дня*, а после этого он свободен. Объяснив вкратце*, почему он хочет так срочно* увидеть его, Сиракаба попросил о встрече. Договорились встретиться в час дня в кабинете профессора в университете.

*手帳
*ページをめくる *する前に
*ダイヤルを回す *(期待どおり)に会える、捕まえる *実際には…ある、…であることがわかる *午前 *手短に
*とり急ぎ

Попрощавшись* с профессором, инспектор стал думать, чем ему пока заняться*. «Надо **рассчитать**, сколько времени займёт*(2)* дорога* до университета. Сначала* надо ехать на электричке две **остановки**, а до ближайшей* **станции** пять минут пешком. **Значит***, на это потребуется*(2)* минут десять. Потом надо **пересесть** на метро и ехать минут сорок до **конечной станции***. Оттуда ещё четверть* часа автобусом. **Всего чуть** больше часу. А сейчас уже пол* двенадцатого. Лучше прийти заранее*, чем* **заставлять** человека ждать». Доложив* начальству, куда он **направляется** и где его **искать** в случае* **необходимости**, инспектор вышел из здания полицейского управления.

*別れを告げる
*する、かかる
*道のり
*まず
*最寄りの *つまり
*終点
*四分の一
*=половина *事前に、早めに
*лучше..., чем... よりはまし *報告する *…場合に

На дорогу ушло*(2)* именно* столько времени, сколько* он и рассчитывал. Поэтому без четверти час он уже был на месте. Чтобы не приходить **слишком** рано, Сиракаба ещё немного погулял по университетскому кампусу, заглянул* **просто так** в библиотеку и ровно* без пяти час **постучал** в дверь кабинета, на котором **висела** табличка «Профессор Кавагоэ».

*まさに *столько..., сколько... …ほど、…だけ
*立ち寄る
*ちょうど

- Войдите, - раздался **голос** из-за двери.

Сиракаба вошёл. Навстречу ему из-за стола поднимался профессор Кавагоэ:

- Да, **давно** мы с тобой не виделись*. Сколько лет, сколько зим! *
- Здравствуйте, профессор! Рад видеть вас в добром здравии*.
- Ну, не такое уж* оно и **доброе**, но ничего, скрипим потихоньку*.
- Вы **прекрасно выглядите**.
- Ну, ладно* комплименты* мне говорить, - засмеялся Кавагоэ. - Давай, показывай с чем пришёл.

*長いこと合わなかった
*久しぶり
*元気
*それほど
*どうにかこうにか生きて行く
*よして *お世辞

Сиракаба достал из принесённого конверта снимки и протянул их профессору.

- Посмотрим… **Вообще**-то говоря*, я занимаюсь европейским искусством, но японская гравюра – моё хобби*.

*本当のところ
*趣味

Профессор **надел** свои очки и стал рассматривать принесённое.

– Интересно знать, откуда это у тебя?

Сиракаба **вкратце** рассказал про всё, что произошло прошлой ночью.

- То есть* тебя интересует, чья эта работа? Вопрос несложный. Бывали*(1)* у меня **задачи** и посложнее, - профессор **снял** очки и пригладил рукой **бороду**. - Это Рокан. Он работал в начале 20 века и **умер** где-то в **середине** 20-х годов. **Причём** умер молодым, но до сих пор* **окончательно** неясно, отчего он **скончался**. Рокан не отличался* особым **талантом**, и работы его обычно*(1)* много не стоят. Так что* непонятно, кому и зачем понадобилось красть эту гравюру. Я бы дал за неё тысяч десять иен, не больше. Не думаю, чтобы я **ошибался**, но я ещё **посоветуюсь** со специалистами и перезвоню* тебе завтра. Это тебя **устраивает**?

*つまり
*今まで
*特徴として持つ、際立っている(+造格)　*=поэтому
*電話をもう一度かける，かけなおす

- Вполне*, профессор. Извините, что отнимаю у вас время*.

*完ぺきです、十分
*お忙しいところ、お手数をかけます

- Ну что ты*, мне и самому интересно. Да и раз уж* взялся за это дело, надо довести его до конца*.

*とんでもない　*=если
*最後までやる

Попрощавшись с профессором, Сиракаба в задумчивости* пошёл обратно к остановке автобуса. «Я как чувствовал*, что это не простая кража. Как бы*(3)* не сплоховать, тут, видно, придётся* изрядно* голову поломать*.»

*物思いに沈む
*予感する
*しなければならなくなる*十分に、かなり　*頭を悩ます

Слова для запоминания

1.	**ложиться - лечь**	横になる、寝る
2.	**поздний**	遅い
3.	**засыпать - заснуть**	眠り込む
4.	**давать - дать**	①(＋対)与える、(＋不定形)させる　②…するのを許す
5.	**покой**	静止、安静、やすらぎ
6.	**далёкий**	(空間的に、時間的に)遠い、親しくない、縁遠い
7.	**дешёвый**	安い
8.	**будить - разбудить**	起こす
9.	**хватать**	①(у меня+生)十分である、足りる　②つかむ
10.	**обратно**	元へ、逆に、反対に
11.	**отправляться - отправиться・отправление**	出発する、出る・出発
12.	**билет・проездной билет**	切符、券　・定期券
13.	**вагон**	車両
14.	**дух　・　духовный**	精神・精神的な
15.	**поезд**	列車
16.	**пассажиры**	旅客、乗客
17.	**полиция・полицейский**	警察・警察の
18.	**повод・　по поводу**	動機、理由、原因・に関して、について
19.	**занимать - занять**	(場所、地位を)取る、占める；　(時間を)取る、借りる
20.	**поступать - поступить・поступок**	①行動する ②（ある組織、施設に）入る・行動
21.	**опасный・опасность**	危険な・危険
22.	**вспоминать - вспомнить・воспоминание**	(+о 対,+что)思い出す、回想する・思い出
23.	**приятель・приятный**	親しい知人・快い、魅力ある
24.	**знаменитый・знаменитость**	有名な・有名人
25.	**исследование・исследователь**	研究・研究者
26.	**область**	①範囲、分野 ②州
27.	**культура・культурный**	文化・①文化の ②教育の
28.	**возраст　・　преклонный возраст**	年齢・老年
29.	**крепкий**	丈夫な、強い；濃い
30.	**история　・　исторический**	歴史・歴史的な
31.	**определить- определять・определение**	①決定する ②定義する・①定義 ②決定
32.	**нужный**	必要な
33.	**счастье・　на счастье, к счастью**	幸福、幸せ・幸いにも
34.	**лекция**	講義
35.	**рассчитывать - рассчитать・расчёт**	①計算する ②見込む、予想する・①計算、勘定 ②決済

36.	**остановка**	①停留所 ②停止
37.	**конец・конечный**	①終わり、末 ②終端、果て・①末端の ②限りある、有限の
38.	**станция・конечная станция**	駅、（各種の）局、署、所、ステーション・終点
39.	**значить(означать)・значение**	(＋対・что)意味する、というわけだ・意味、意義
40.	**пересадка・делать пересадку, пересаживаться**	乗り換え・乗り換える
41.	**всего**	全部で、たった…だけ
42.	**чуть**	わずかに
43.	**заставлять - заставить**	強いる、余儀なくさせる
44.	**направляться - направиться・направление**	向かう、進む
45.	**необходимость**	必要性
46.	**слишком**	あまりに、過度に
47.	**просто так**	①普通に、とくに手をかけずに ②何気なく、理由・目的なく
48.	**стучать - постучать・стук**	ノックする、たたく・こつこつたたく音
49.	**висеть**	掛かる、吊り下がる、垂れる
50.	**голос**	声
51.	**давно**	ずっと以前に、ずっと以前から、長い間
52.	**добрый・добро・доброта**	良い、親切な、喜ばしい・善、善行・人の良さ、親切さ
53.	**прекрасный**	①非常に美しい ②非常に良い、すばらしい
54.	**выглядеть**	(＋造) …のように見える
55.	**вообще**	総じて、一般に；まったく、決して
56.	**надевать - надеть (одевать - одеть)**	着る
57.	**вкратце**	手短に
58.	**задача**	課題、任務；問題、例題
59.	**снимать - снять**	(＋対)取り外す；脱ぐ、(写真を)撮る、(部屋を)賃貸する
60.	**борода**	あごひげ
61.	**середина**	①中央、中心 ②中間、半ば、最中
62.	**причём**	そのうえ、しかも
63.	**умирать - умереть**	死ぬ
64.	**окончательный**	最終的な
65.	**кончаться - скончаться**	亡くなる
66.	**талант**	才能
67.	**ошибаться - ошибиться・ошибка**	間違える、誤る・間違い、誤解
68.	**советоваться - посоветоваться・совет**	（с＋造）相談する・①助言②相談、会議
69.	**устраивать - устроить**	(催し等を)行う,(施設に)入れる; 都合がよく行く
70.	**прощаться - попрощаться**	（с＋造）別れを告げる

(1) НЕОДНОКРАТНО ПОВТОРЯЕМОЕ ДЕЙСТВИЕ 反復の動作

表現・手段	表現内容	例文
ЧАСТО	(しばしば)	Он **часто** путешествует. Она **часто** всё забывает.
ОБЫЧНО	(普段)	Он **обычно** ездит в Африку. **Обычно** она забывает свой кошелёк[1].
КАЖДЫЙ (ГОД, ДЕНЬ 等)+対格	(毎…)	**Каждую** весну он хочет поехать туда. **Каждый** раз ей приходится возвращаться за ним домой.
КАК ПРАВИЛО	(概して，一般に)	**Как правило**, он едет туда на две недели. **Как правило**, это случается именно тогда, когда она опаздывает.
БЫВАТЬ	(時々、たまにある)	**Бывало**, что он ездил туда два раза в год. **Бывает**, что она и теряет свой кошелёк.
ПО (ВЕЧЕРАМ, ПОНЕДЕЛЬНИКАМ 等)	(…毎に)	**По** вечерам он мечтает о путешествии. Особенно неприятно, когда это происходит **по** утрам.
時間を示す単語の複数造格 (ЧАСАМИ, ДНЯМИ, НЕДЕЛЯМИ, МЕСЯЦАМИ, ГОДАМИ, ВЕЧЕРАМИ)	(…ずっと、…の間ぶっ通しに) *意味を強調するために***днями, неделями** *の前に* **целыми** *を入れる場合もある*	(**Целыми**) **днями** он только и думает об этом. Иногда это длится (**целыми**) **неделями**.

[1] 財布

(2) ИСПОЛЬЗОВАНИЕ ВРЕМЕНИ 時間の使用

表現・手段	表現内容	例文
ТРАТИТЬ-ПОТРАТИТЬ+生格 **НА**+対格// **ДЛЯ**+生格 (…**ЧТОБЫ**)	(消費する、ついやす)	Жена **тратит** два часа **на** приведение (**для** приведения) себя в порядок.[1] Жена **тратит** два часа **на** то (**для** того), **чтобы** привести себя в порядок.
(主体の与格) + **ПОНАДОБИТЬСЯ** +主格 **НА**+対格// **ДЛЯ**+生格 (…**ЧТОБЫ**)	(必要となる)	Мужу **понадобилось** пять минут Мужу **понадобилось** пять минут **на** бритьё[2] (**для** бритья) Мужу **понадобилось** пять минут **на** то (**для** того), чтобы побриться.
(主体の与格) + **ТРЕБОВАТЬСЯ - ПОТРЕБОВАТЬСЯ**+主格 **НА**+対格/**ДЛЯ**+生格 (…**ЧТОБЫ**)	(かかる)	Детям **требуется** целый час **на** подготовку (**для** подготовки) к занятиям. Детям **требуется** целый час **на** то (**для** того), чтобы подготовиться к занятиям.
(**НА**+目的語の対格) (**У**+主体の生格) + **УХОДИТЬ-УЙТИ** + 主格 (…**ЧТОБЫ**)	(とられる)	**У** мужа **уходит** целый день**на** сидение перед телевизором. **У** мужа **уходит** целый день **на** то, чтобы прочитать все газеты.
(**У**+主体の生格) +(目的語の対格) **ЗАНИМАТЬ-ЗАНЯТЬ** +主格	(かかる、続く)	**У** мужа лежание на диване **занимает** все выходные. **У** жены уборка **заняла** всё воскресенье.

[1] 自分の身なりを整えること [2] ひげそり

(3) БОЯЗНЬ, ОПАСЕНИЕ НА БУДУЩЕЕ 未来に対する不安、危惧

表現・手段	表現内容	例文
БОЯТЬСЯ +生格 +動詞の不定形 +... , **ЧТО**	（恐れる）	Я **боюсь** смерти. Она **боится** ходить в лес. Они **боятся**, **что** она не приедет.
ОПАСАТЬСЯ +生格 +動詞の不定形 +... , **ЧТО**	（警戒する、心配する）	Я **опасаюсь** волков. Она **опасается** гулять одна. Они **опасаются**, **что** в лесу много волков.
(主体の与格) + **ГРОЗИТЬ** +造格 +... , **ЧТО**	（脅かす）	Это мне **грозит** опасностью. Это **грозит** тем, **что** волки бросятся[1] на меня.
КАК БЫ НЕ	（…しはしまいかと）	**Как бы** нам **не** опоздать на поезд. **Как бы** хуже **не** вышло
ЧЕГО ДОБРОГО	（もしかしたら）	**Чего доброго,** они меня съедят.
ТОГО И ГЛЯДИ	（へたをすると）	**Того и гляди,** костей не соберёшь[2].
НЕРОВЁН ЧАС	（ひょっとしたら）	**Неровён час,** лишишься[3] жизни.
СУЩЕСТВУЕТ (ЕСТЬ) ОПАСНОСТЬ (УГРОЗА) + ЧТО+文書 又は 名詞の生格	（危険・恐れがある）	**Существует (есть) опасность**, что студенты будут лениться и останутся на второй год. Всегда **существует опасность** проигрыша, даже если ты семи пядей во лбу[4].

[1] 襲いかかる [2] 生きて帰らぬ [3] 奪われる [4] 頭がいい

Вопросы для развития устной речи

1. Почему Сиракаба чуть не проспал на работу?
2. Где он жил и сколько времени тратил на дорогу?
3. Почему он так спешил на электричку?
4. Успел ли Сиракаба на электричку?
5. О чем размышлял он на работе?
6. О ком вспомнил Сиракаба?
7. О чем договорились профессор Кавагоэ и Сиракаба?
8. Как Сиракаба собирается добираться до места встречи с профессором?
9. Сколько времени ушло у Сиракаба на дорогу?
10. Как поживает профессор?
11. Чем занимается профессор?
12. Что рассказал профессор об украденной гравюре?
13. Сколько, по мнению профессора, может стоить гравюра?
14. Что думает Сиракаба после встречи с профессором о краже в доме Тода?

Глава 6.

Москва. Понедельник. 16 августа.... года.

Понедельник день **тяжёлый**. Особенно когда чувствуешь себя неважно*. У старшего следователя Сакуровского с утра **болела** голова и **горло**. **Кашля** не было, но все **остальные** признаки* простуды* были налицо* – и **насморк**, и лёгкая **слабость**, даже **температура поднялась**, и в **груди** что-то похрипывало*. «Да, совсем **организм** сдал*,– думал Сакуровский. - Надо бы режим* **соблюдать**, да к доктору сходить... Но где время взять? Хорошо, что вроде не **грипп**, лето ведь всё-таки. **Интересно***, где же он так **простудился**?! Неужели* вчера в музее? Однако больной, не больной, а работать надо».

*気分がすぐれない
*徴候 *風邪
*そろっている
*ぜいぜいする
*弱くなる
*生活様式、養生
*いったい
*まさか、果たして…か

Вчера, когда он доложил генералу Москаленко о том, что ему удалось **установить** на месте происшествия в музее, тот **поручил** Сакуровскому заниматься этой кражей постоянно. С одной стороны*(4)*, у Сакуровского было много работы и то, что ему добавили ещё одно дело, особой радости не вызывало*. Наверняка*(1)* долго придётся провозиться* с ним. Но, с другой стороны*(4)*, музейные кражи случаются* не каждый день, и с этой **точки зрения** ему как профессионалу было интересно.

*呼び起こす、招く
*かかりきりになる
*起こる

Для успешного* раскрытия* преступления необходимо прежде всего* постараться понять его **мотивы**. Если это кража, то идут на* неё обычно ради* денег. Но в **данном** случае **стоимость** похищенной гравюры не была **значительной**. Тогда зачем её украли? Именно* над этим вопросом старший следователь бился* с самого* утра.

*好結果の、上首尾の *摘発
*まず第一に
*あえて…する *＝для
*まさに
*苦労する *ずっと

Сакуровский выключил лампу, сунул* в **нижний ящик** бумаги, лежавшие на **поверхности** стола, смахнул* **пыль**, потом встал, засунул* руки в карманы **брюк** и прошёлся туда-сюда по кабинету. Головная боль мешала сосредоточиться, но собраться с мыслями* надо обязательно*(1)*. На 10 часов **назначено совещание** с оперативниками* его группы, которым надо давать **конкретные** поручения*. По мере того, как*(2)* стрелка* часов приближалась к **назначенному** времени, в голове у Сакуровского **постепенно** начал вызревать* **план** действий: «Во-первых*(4)*, надо уточнить* то, насколько действительно ценна похищенная гравюра. Во-вторых*(4)*, непременно*(1)* поинтересоваться* у известных московских

*突っ込む
*払いのける
*入れる
*思いをこらす
*刑事
*任務、仕事 *針
*煮詰まる
*はっきりさせる
*尋ねる

коллекционеров* о том, не слышал ли кто-то чего-нибудь. В-третьих(4), надо выяснить* и то, откуда эта гравюра попала* в музей. Несомненно(1), что где-то должны были сохраниться какие-нибудь документы. И, конечно, необходимо обязательно(1) проверить* все антикварные магазины*. Распоряжение* об усиленном* контроле на всех таможнях он успел дать ещё вчера…»

*収集家
*明らかにする
*現れる、入る
*調べる
*古美術店 *指令 *強化する

Подойдя к столу, Сакуровский налил в **стакан** воды и проглотил ещё* одну таблетку* аспирина. Он не любил **принимать лекарства***, но сегодня непременно(1) надо быть в форме*. «Надо взбодриться*, пойти в **буфет**, кофе или чаю выпить что ли*…»

*さらに *錠
*薬を飲む
*調子がよい *元気になる
*…かな、…でも

♦♦♦

После длившегося два часа совещания оперативники разъехались по Москве **выполнять задание**. Сакуровскому же оставалось только* ждать и **надеяться**, что **поиск** обязательно(1) даст результаты*. И думать, думать, думать…

*…するほかはない
*結果を出す

С приближением(2) вечера начали поступать* первые **доклады**. То, что разговоры с коллекционерами и проверка антикварных магазинов пока результатов не принесли*, стало очевидным*.

*入る
*結果をもたらす *明らかになる

Позже всех позвонил лейтенант Семён Чапаев. Ему было поручено **выяснить** историю появления гравюры в музее. Чапаев говорил из машины по мобильному телефону*, и поэтому слышимость* была не очень хорошей. Договорились, что Чапаев **прямо** сейчас приедет к Сакуровскому и расскажет всё подробно.

*携帯電話 *感度

Когда Чапаев приехал, было уже девять часов вечера. С наступлением(2) ночи Сакуровский чувствовал себя* **всё хуже и(5) хуже**, однако бодрился.

*気分が…である

Чапаеву удалось выяснить следующее. По словам(3) директора музея, эта гравюра поступила в музей в 50-е годы, а точнее, согласно(3) документам, в 1953 году из архива* КГБ. **Дисциплина** в этой **организации** была **строгая**, так что все бумаги были в порядке*. С **момента** поступления в музей гравюра **постоянно находилась** в запасниках* и никогда не выставлялась.

*文書保管所
*整理された状態
*保管室

Однако из разговоров со служащими музея выяснилось одно странное **обстоятельство**. С началом(2) перестройки, примерно* в конце 80-х годов, в музее стал появляться странный **старик**. Причём* приходил он часто, чуть ли не* **каждое** воскресенье. Особенно его привлекал тот **зал**,

*ほぼ、およそ
*しかも
*ほとんど

в котором были выставлены японские гравюры.

Потом он стал интересоваться, все ли японские гравюры выставлены в зале. Свой интерес он объяснял тем, что после выхода на **пенсию*** ему стало нечего делать. Вот он и **увлёкся** японским искусством. По мнению*(3)* хранителя коллекции, старик действительно неплохо разбирался в этом и даже знал японский язык. Он **производил впечатление милого** и **интеллигентного** человека. Вскоре* они **подружились**. Василий Николаевич Гаврилов (именно* так звали старика) рассказывал про себя немного. Он упоминал лишь то, что всю **жизнь** проработал в каком-то издательстве* **переводчиком**. На вид* ему было лет восемьдесят, но был он крепок и **бодр**.

*年金生活入り
*じきに、まもなく
*まさに、ほかならぬ
*出版社
*見たところ、外見上

Сначала всё шло хорошо, но потом*(4)* старика словно* подменили*. Случилось это примерно два месяца назад, когда Гаврилов случайно увидел гравюры, выбранные для выставки. Он начал вдруг говорить о том, что некоторые из них его **собственность** и были незаконно отобраны КГБ. В их числе* он **указывал** и на гравюру, которая потом была украдена. Гаврилов стал **требовать** их возврата, даже грозил **подать в суд***. Отношения между ними **испортились**, и хранитель перестал* встречаться с Гавриловым.

*まるで…のように
*別人になる、すりかえる
*…の中に
*告訴する
*止める

Старик же **упорно** продолжал требовать возврата гравюр, но **неожиданно** две недели назад исчез* и с тех пор* его больше* никто не видел в музее.

*姿を消す
*…して以来 *もはや

Выслушав рассказ Чапаева, Сакуровский тут же позвонил в спецсправочную* с просьбой дать сведения* о Василии Николаевиче Гаврилове, проживающем* в Москве, возраст приблизительно* 80 лет.

*特別情報局 *情報
*居住する
*おおよそ

Через несколько минут требуемая информация была получена: в Москве по адресу улица Сивцев Вражек дом 12, квартира 10 проживал некий* Василий Гаврилов, которому оказалось*, однако, не 80, а 95 лет. Однако две недели назад он скончался от сердечного приступа* в своей квартире.

*…某
*判明する
*心臓発作

Слова для запоминания

1.	**тяжёлый・тяжело**	つらい、重い
2.	**болеть - заболеть・боль・больной**	痛む、病気である・痛み・病人
3.	**горло**	のど
4.	**кашель**	せき
5.	**остальной**	残りの、余りの、その他の
6.	**насморк**	鼻風邪
7.	**слабость**	弱い、弱さ
8.	**температура**	温度、気温、体温、熱
9.	**подниматься - подняться**	のぼる、あがる、高まる、起きる
10.	**грудь**	胸
11.	**организм**	①有機体、生物 ②人体、肉体
12.	**соблюдать - соблюсти・соблюдение**	①守る、従う ②保護する,大切にする・遵守、保全
13.	**грипп**	インフルエンザ
14.	**интересно (интересный)・интерес**	面白い、興味がある・①興味、関心 ②面白さ、意義 ③利益、利害
15.	**простужаться - простудиться**	風邪をひく
16.	**устанавливать - установить**	①きちんと置く、立てる、取り付ける ②明らかにする
17.	**поручать - поручить・поручение**	依頼する、頼む、任せる・依頼、任務
18.	**точка зрения**	見地、視点
19.	**мотив**	動機
20.	**данный・данные**	この、その・データ
21.	**стоимость**	価値
22.	**значительный**	①かなりの、多数の ②重要な
23.	**нижний・низ**	下の・下
24.	**ящик**	箱、引出し
25.	**поверхность**	表面、外面
26.	**пыль**	ほこり、ちり
27.	**брюки**	ズボン、スラックス
28.	**назначать - назначить・назначение**	指定する、決める・指定、任命、機能
29.	**совещание**	会議
30.	**конкретный**	具体的な
31.	**постепенно (постепенный)**	徐々に、次第に
32.	**план**	見取図・計画
33.	**стакан**	コップ
34.	**принимать - принять・приём**	①受け入れる②扱っている③服用する・①面会②診察③レセプション④方法
35.	**лекарство**	薬

36. **выполнять - выполнить・выполнение** やり遂げる、果たす・遂行、実行
37. **задание・задавать - задать** （命じられた）仕事、課題・させる、課する、与える、定める
38. **надеяться - понадеяться・надежда** 期待する・希望、期待、望み
39. **поиск** 探求
40. **доклад・доложить - докладывать** 報告、演説・報告する
41. **выяснять - выяснить・выяснение** 解明する、明らかにする・解明、明らかにすること
42. **прямой** ①まっすぐの ②直接の ③率直な
43. **дисциплина** ①規律 ②分野、学科
44. **организация** 組織、構造
45. **строгий** 厳しい
46. **момент** ①瞬間 ②時点
47. **постоянный・постоянно** いつもの、不断の・いつも、絶えず
48. **находиться** （ある場所、状態に）ある、いる
49. **обстоятельство** 事情、事実、状況
50. **старик・старый** 老人・老年の；古い
51. **каждый** 各々の、各人、全員
52. **зал** ホール
53. **пенсия** 年金
54. **увлекаться - увлечься・увлечение** 夢中になる、好き・趣味
55. **производить - произвести・производство** ①行う ②生産する ③起こす・①実行 ②生産、製造
56. **впечатление** 印象
57. **милый** かわいい
58. **интеллигентный・интеллигент** ①知識人の、インテリらしい ②教育ある知識人、インテリ
59. **дружить - подружиться・дружба** 友達になる・友情、有効
60. **жизнь** 生命、命、生活
61. **переводчик** 通訳、翻訳者
62. **бодрый** 元気な
63. **собственность・собственный** 所有物、財産・自己所有の
64. **указывать - указать・указ** 指し示す、指示する・指令
65. **требовать - потребовать・требование** 求める、要求する・要求
66. **подавать - подать** 手渡す、出す
67. **суд・судить** 裁判・①裁く ②判断する
68. **портиться - испортиться** 駄目になる、壊れる
69. **упорный** ねばり強い、頑固な
70. **неожиданно** 思いがけずに、不意に

(1) *УВЕРЕННОСТЬ 確信*

表現・手段	表現内容	例文
ОБЯЗАТЕЛЬНО	(必ず)	Мне **обязательно** надо купить билет на самолёт. Им **обязательно** надо выучить русский язык.
НАВЕРНЯКА	(確実に)	**Наверняка** в сезон достать билет трудно. **Наверняка** это будет сделать непросто.
НЕПРЕМЕННО	(きまって(変更がありえない)、是が非でも、ぜひ)	Однако купить билет надо **непременно**. Но овладеть[1] русским языком надо **непременно**.
НЕСОМНЕННО	(疑いなく) *挿入語なので、カンマで囲まれている*	**Несомненно**, что я приложу все усилия[2] для этого. Для этого, **несомненно**, потребуется много сил.

[1] しっかりと習得する [2]…全力を傾ける

(2) *ВЗАИМОСВЯЗАННАЯ ОДНОВРЕМЕННОСТЬ 相互の同時性*

表現・手段	表現内容	例文
ПО МЕРЕ+生格 **+ ТОГО, КАК...**	(程度に応じて)	**По мере** успехов в учёбе жизнь становится веселее. **По мере того, как** люди стареют, они обычно становятся мудрее.
С ПРИБЛИЖЕНИЕМ+生格	(近づく、につれて)	**С приближением** весны студенты влюбляются. **С приближением** осени листья желтеют.
С НАСТУПЛЕНИЕМ+生格	(なると)	**С наступлением** зимы студенты пьют больше горячего сакэ. **С наступлением** тепла распускаются цветы.
С НАЧАЛОМ+生格	(始まると)	**С началом** каникул студенты расслабляются.[1] **С началом** морозов[2] реки замерзают.

[1] くつろぐ [2] 厳寒

(3) *ЦИТИРОВАНИЕ, ССЫЛКА НА ИСТОЧНИК ИНФОРМАЦИИ 引用*

表現・手段	表現内容	例文
СОГЛАСНО+与格, ...	(に従って、によれば)	**Согласно** опросам общественного мнения[1], всё больше и больше людей не верят в бога. **Согласно** указу президента, все налоги отменяются[2].
ПО СЛОВАМ+生格, ...	(話によると)	**По словам** премьер-министра, всё будет хорошо. **По словам** депутатов[3], они стараются принимать только хорошие законы.
ПО МНЕНИЮ+生格, ...	(意見では)	**По мнению** учёных, хорошо не будет. **По мнению** большинства людей, правительство работает плохо.
КАК ГОВОРИЛ+主格, ...	(話によると)	**Как говорил** поэт, чем меньше женщину мы любим, тем больше нравимся мы ей. **Как** любили **говорить** древние, истина – в вине.

[1] 世論調査 [2] 廃止する [3] 代議員

(4) ПЕРЕЧИСЛЕНИЕ 列挙

表現・手段	表現内容	例文
ВО-ПЕРВЫХ, ВО-ВТОРЫХ, В-ТРЕТЬИХ...	(第一に 第二に 第三に)	**Во-первых**, я не русский, а японец. **Во-вторых**, я ничего об этом не знаю. **В-третьих**, я хочу домой.
С ОДНОЙ СТОРОНЫ... , С ДРУГОЙ СТОРОНЫ...	(一方…、他方)	**С одной стороны**, она хороший преподаватель, но, **с другой стороны**, много требует.
СНАЧАЛА..., (А) ПОТОМ...	(まず…、その後)	**Сначала** надо выпить, **(а) потом** – закусить[1].

[1]…をつまみにして食べる

(5) УСИЛЕНИЕ, УВЕЛИЧЕНИЕ 強化、拡大

表現・手段	例文
ВСЁ + 形容詞の比較級 **И** 形容詞の比較級	**Всё** *меньше* **и** *меньше* времени остается до конца семестра. Студенты становились **всё** *старательнее*[1] **и** *старательнее*.

[1]熱心な

Вопросы для развития устной речи

1. Как чувствовал себя Сакуровский в понедельник?
2. О чем он доложил генералу Москаленко?
3. Что поручил генерал Сакуровскому?
4. Рад ли Сакуровский, что ему поручили заниматься этой кражей?
5. Что необходимо для успешного раскрытия преступления?
6. Какой план действия составил Сакуровский?
7. Любит ли Сакуровский принимать лекарства?
8. Что делали оперативники после совещания?
9. О чем доложил Сакуровскому лейтенант Чапаев?
10. Какова история появления украденной гравюры в музее?
11. Что выяснил лейтенант в разговоре со служащими музея?
12. Кто такой Василий Николаевич Гаврилов?
13. Почему отношения Гаврилова и хранителя коллекции испортились?
14. Какую информацию о Гаврилове получил Сакуровский из спецсправочной?

Глава 7

Токио. Вторник. 17 августа ... года.

Профессор Кавагоэ позвонил только* в три часа дня. Он не **застал** инспектора Сиракаба на месте, который **как раз** выехал на место очередного* **происшествия**: ученик **средней** школы только что покончил жизнь самоубийством*. Подозревали*, что **причиной** этому были издевательства* со стороны его школьных **товарищей**.

*やっと
*次の
*自殺する *…の疑いがある
*いじめ

Профессор намеревался было уже попросить, чтобы инспектор перезвонил ему, однако*(1)* тут сказали, что, кажется, Сиракаба уже вернулся и сейчас как раз поднимается по **лестнице**. Профессор **согласился** подождать.

Хотя в здании полицейского управления и был **лифт**, Сиракаба предпочитал подниматься к себе на четвёртый этаж пешком. «**Полезно** для **здоровья**», - так он всегда объяснял эту свою **причуду**. Работа не **позволяла** ему регулярно* заниматься спортом, а **спорт** он любил, особенно **побеждать**. В студенческие годы Сиракаба был хорошим **спортсменом** и в Полицейской академии, где он учился, всегда **участвовал** в **различных соревнованиях**. И даже входил в **состав** сборной* Академии по борьбе* дзюдо и **команды** по плаванию. А теперь ему удавалось* лишь **изредка** поиграть в теннис в спортклубе, что находился недалеко от его дома.

*定期的に
*選抜チーム *レスリング
*機会に恵まれる

Едва Сиракаба переступил **порог*** офиса, как ему сразу **закричали**, чтобы он шёл скорее к телефону. Когда Сиракаба взял **трубку** и представился*, профессор в ту же секунду начал говорить:

*敷居をまたぐ(=入る)
*名前を言う、自己紹介する

- Послушай, это очень интересно! Я тут же показал твои **снимки** крупнейшим* специалистам по гравюре, и они в один голос* утверждают*, что такая работа им неизвестна. Судить* по снимку трудно, но, кажется, это действительно Рокан. Однако этой гравюры нет ни в каких известных им собраниях*!

*大きい、偉大な
*異口同音に *断言する、主張する *判断する
*コレクション

- Так может именно поэтому её и украли. Ведь уникальная* вещь всегда дорого стоит, не так ли? – вставил* свой вопрос Сиракаба.

*ユニークな
*挿入する

- Вряд ли*(3)*, чтобы кто-нибудь за неё заплатил* большие деньги. Ну, **пусть** не десять тысяч иен, но не больше двадцати-тридцати. Едва ли *(3)* найдётся* человек,

*払う
*出てくる、いる、ある、見つかる

кто ради* таких денег полезет* в **чужой** дом.

- Спасибо, профессор! Искренне* признателен* вам. Вы очень мне помогли…, - Сиракаба собирался было завершить разговор, но(1) профессор перебил* его.
- Постой*, постой! Это ещё не всё! У меня есть ещё **новость**, которая, надеюсь*, заинтересует* тебя. Я по старой привычке* **просматриваю** русские газеты. Я ведь во время **войны** был **солдатом** и потом попал* в плен* к русским. И в Сибири, куда нас выслали*, в лагере **провёл** пять лет. Там и выучил русский язык. Конечно, **воспоминания,** мягко говоря*, не очень **приятные**, но **знание** русского языка мне не раз* помогало в работе. Ведь в Советском Союзе издавалось* несколько хороших журналов по искусству, откуда я узнал много интересного. Вот и стараюсь **поддерживать форму*** и сейчас…
- А…, - инспектор торопился и хотел было **спросить**, какое это **отношение** имеет к пропавшей гравюре, но(1) профессор остановил его.
- Не **перебивай**! Сейчас всё **поймешь**. Вот и сегодня, когда я читал русскую прессу, мне бросилась в глаза* небольшая **статья** в разделе* «Криминальная хроника*». В ней говорится, что из музея в Москве была похищена японская гравюра. И, как ты думаешь, чья?
- Неужели тоже Рокан?!
- **Угадал**. Я, конечно, совсем не(2) понимаю в ваших полицейских делах, но интуиция* подсказывает* мне, что тут не может быть(3) простого **совпадения**. Как ты думаешь?
- Даже не знаю, что сказать. Вы не могли бы **прислать** мне по факсу эту **заметку**?
- А ты что, по-русски читаешь? – в свою очередь* **удивился** Кавагоэ.
- Читать-то читаю*, а вот с разговорным языком* у меня проблемы: **практики** нет. У нас в Полицейской академии **преподавали** русский язык. Дело в том, что* в последнее время* **число** приезжих* из России **увеличилось**, и далеко не(2) каждый* из них знает английский, а тем более(2) японский язык. Вот и приходится объясняться*, если что **случится**. Но мне **лично** пока не доводилось* **применять** свой русский **на практике***.
- Понятно. Только я боюсь, что если **послать** по факсу, то тебе прочитать будет трудно: уж(2) очень шрифт*

*ために　*(はって、こっそりと)入る、侵入する
*心から　*感謝する
*中断する、遮る
*待て(口)
*きっと　*関心、興味を起こさせる　*習慣、癖
*(困難な状況に)陥る　*捕虜
*差し向ける、退去させる
*控えめに言えば
*一度ならず、再三
*出版される
*いい調子
*注意を引く、目につく
*欄 *ニュース
*直感 *告げる
*今度は自分が
*読むには読むが(-то はその語を強調する)　*口語、会話
*実は
*最近 *外来者
*各人、誰でも
* (理解し合うために)話し合う
*(たまたま)する機会がある
*実際に
*活字

мелкий. Поэтому, если ты очень торопишься, то я могу **отправить** её срочной **почтой***. Так что* через час она будет у тебя. Подходит? *
- Прекрасно. И, если можно, пришлите и те фотографии, которые я **оставил** у вас вчера.
- Хорошо. Я вовсе не*(2)* собираюсь вмешиваться* в твои дела, но мне хотелось бы просто знать, чем дело **кончится**. Так что сообщи мне, если что.
- **Обязательно**, профессор. Если узнаю что-нибудь новое, так сразу перезвоню вам. Ещё раз **огромное** спасибо.
- Не за что. **Желаю** успеха!

Через час посыльный* **доставил пакет** от профессора Кавагоэ. Сиракаба **сразу** же принялся за чтение заметки. Информации действительно было мало. «Что ж, надо звонить в Москву, выяснять, что у них произошло, - подумал Сиракаба. - Может, мы сможем помочь друг другу*. Только **страшно**, ведь по-русски я разговаривал только на уроках. Но делать нечего*, придётся. Я не знаю никого, кто мог бы это сделать **вместо** меня. Какая **разница во времени** с Москвой? Часов пять? Значит, если у нас сейчас пять часов вечера, то у них **полдень**. Ну что ж, **самое** время* **звонить**».

*宅急便 *それゆえ、その結果 *いいですか(口)

*干渉する

*配達人

*お互いに
*仕方ない

*丁度いい時期

Слова для запоминания

1.	**заставать - застать**	会える、見つける、捕まえる
2.	**как раз**	丁度
3.	**происшествие**	出来事、事件
4.	**средний**	中央の、中位の、平均の
5.	**причина**	原因、理由
6.	**товарищ**	同僚、仲間、同志
7.	**лестница**	階段、はしご
8.	**соглашаться - согласиться・соглашение**	(на +対・不定形) 承知する、受諾する ・（с +造）意見が一致する・了解、協定
9.	**лифт**	エレベーター
10.	**полезный**	①役に立つ、ためになる、有利な　②有効な
11.	**здоровье**	健康；健全なこと
12.	**причуда**	変な癖
13.	**позволять - позволить**	許可する、認める、許す、
14.	**спортсмен**	スポーツマン、運動選手
15.	**побеждать - победить・победа**	勝つ・勝ち、勝利
16.	**участвовать - поучаствовать・участник**	参加する・参加者
17.	**различный・различие**	異なる、違った、様々の・差異、違い
18.	**соревнования**	競争、試合
19.	**состав**	成員、構成員、成分、組成
20.	**команда**	チーム
21.	**изредка**	まれに
22.	**порог**	敷居
23.	**кричать - крикнуть・крик**	叫ぶ、どなる、わめく・叫び
24.	**трубка**	①パイプ ②受話器
25.	**снимок**	写真
26.	**пусть**	...させよう、(単文のなかで) たとえ…でも
27.	**чужой**	他人の、よその、縁のない
28.	**новый・новость**	新しい・ニュース
29.	**просматривать - просмотреть**	①目を通す ②見落とす、見のがす
30.	**война**	戦争
31.	**солдат**	兵士
32.	**проводить - провести・проведение**	①案内して通る②遂行する③(時を)過ごす・連行、実行
33.	**знание**	知識、学識
34.	**приятный**	楽しい、気持ちいい

35.	**поддерживать - поддержать・поддержка**	支える、支持する、支援する・支え、支持
36.	**спрашивать - спросить**	たずねる、問う
37.	**отношение・относиться**	態度、関係・(к+与)関係する、帰属する、(ある) 態度をとる
38.	**перебивать - перебить**	①(人の)話［仕事］をさえぎる、邪魔する ②妨げる
39.	**останавливать - остановить**	止める、とどめる、中止する、停止する
40.	**понимать - понять・понимание**	理解する、分かる・理解
41.	**статья**	①論文、論説、記事 ②条文、パラグラフ
42.	**угадывать - угадать**	言い当てる、推量する
43.	**совпадение・совпадать - совпасть**	同時に起こること、重なり合うこと・ 一致、同時に起こる、一致する
44.	**присылать - прислать**	送ってよこす
45.	**заметка**	小記事、メモ
46.	**удивляться - удивиться・удивительный**	驚く、びっくりする・驚くべき、不思議な、すばらしい
47.	**практика**	実践、実習
48.	**преподавать**	教える
49.	**число**	①数（量） ②日（付）
50.	**увеличиваться - увеличится・увелечение**	大きくなる、拡大する・増大、拡大
51.	**случаться - случиться**	起こる、生じる
52.	**личный・лично**	個人の；自らの・自ら、直接に
53.	**посылать - послать・посылка**	送る、派遣する・小包
54.	**мелкий**	細かい、小さい、浅い
55.	**отправлять - отправить・отправление**	発送する、送る、派遣する・出発
56.	**почта**	郵便、郵便物、郵便局
57.	**оставлять - оставить**	残す、置き忘れる、しておく
58.	**кончаться - кончиться**	終わる
59.	**обязательно・обязательный**	きっと、必ず・義務的な、いつも決まった
60.	**огромный**	巨大な
61.	**желать - пожелать・желание**	望む・欲求、願望；望みごと
62.	**доставлять - доставить・доставка**	①届ける、配達する ②渡す、与える・送付、配達
63.	**пакет**	①紙包み ②袋、パック
64.	**сразу**	①一気に、一度で ②ただちに、即座に
65.	**страшный・страшно**	①恐ろしい、怖い ②ひどい・ひどく、非常に
66.	**вместо**	...のかわりに
67.	**разница во времени**	時差
68.	**полдень**	正午、真昼
69.	**самый**	①まさにその ②ちょうど ③もっとも、一番
70.	**звонить - позвонить**	①電話する、ベルで呼ぶ ②鳴らす ③鳴る

(1) НЕОСУЩЕСТВЛЕННОЕ НАМЕРЕНИЕ, ЖЕЛАНИЕ 実現しなかった意図、願望

表現・手段	表現内容	例文
ДУМАТЬ, ХОТЕТЬ, СОБИРАТЬСЯ の過去形 **+ БЫЛО, КАК・НО (ОДНАКО)...**	(…しかけたが) *失敗、思った通りに行かない*	Она уже **собиралась было** купить пианино, **как** у неё неожиданно изменились намерения[1]. Учитель **хотел было** поставить студенту «пятёрку», **но** передумал.

[1] 意図、もくろみ、考え

(2) УСИЛЕНИЕ, ПОДЧЕРКИВАНИЕ 強調(特に言い訳をする時に)

表現・手段	表現内容	例文
СОВСЕМ НЕ	(全然、まったく)	Это **совсем не** моя шпаргалка[1]. Это **совсем не** то, что вы подумали.
ВОВСЕ НЕ	(決して…ではない)	Это **вовсе не** я её принёс. Нет-нет, это **вовсе не** змея.
ТЕМ БОЛЕЕ	(なおさらだ)	Все знают, что шпаргалками пользоваться нельзя, **тем более** я, один из лучших студентов. Да я бы в жизни такое не принес, **тем более** к вам.
ДАЛЕКО НЕ	(全然、決して…ではない)	Кроме того, это **далеко не** лучшая шпаргалка. Да,это, конечно, **далеко не** лучший экземпляр, но другого не нашлось.
УЖ	(本当に) *副詞に添えて*	Если бы я писал шпаргалку, то **уж** получше бы написал. **Уж** если б я этим занимался, то наверняка всё было бы в порядке[2].
ТЕМ БОЛЕЕ, ЧТО	(故になおさらだ)	Нет, это не моя шпаргалка. **Тем более, что** я её и прочитать не могу. Уж больно[3] почерк плохой. **Тем более, что** только я знаю, где искать.

[1] カンニングペーパー　[2] うまくいく [3] =очень（口）

(3) СОМНЕНИЕ 疑惑

表現・手段	表現内容	例文
ВРЯД ЛИ	(たぶん…ないだろう)	**Вряд ли** она придёт вовремя. Мы **вряд ли** сегодня попадём домой
ЕДВА ЛИ	(おそらく…しないだろう)	**Едва ли** она сможет доехать за полчаса. **Едва ли** мы доберёмся до дома к вечеру.
НЕ МОЖЕТ БЫТЬ, ЧТО・ЧТОБЫ+(動詞の過去形)	(ありえない)	**Не может быть, чтобы** она вышла заранее. **Не может быть, что** мы успеем наступления темноты.
НЕ ДУМАЮ, ЧТО・ЧТОБЫ +(動詞の過去形)	(…と思わない)	Я **не думаю, что** она на это способна. Я **не думаю, чтобы** нам это удалось.

Вопросы для развития устной речи

1. Каким делом занимался Сиракаба, когда позвонил профессор?
2. Почему Сиракаба предпочитал подниматься на четвёртый этаж пешком?
3. Каким спортом занимался Сиракаба?
4. Удаётся ли ему сейчас заниматься спортом?
5. Что интересного о пропавшей гравюре сообщил профессор инспектору Сиракаба?
6. Где профессор Кавагоэ выучил русский язык?
7. Использует ли профессор русский язык в своей работе?
8. Какую статью прочитал профессор в русской газете?
9. Читает ли по-русски инспектор Сиракаба?
10. Почему профессор отправил заметку экспресс-почтой, а не по факсу?
11. Зачем в полицейской академии преподают русский язык?
12. Что решил делать инспектор после того, как прочитал заметку в русской газете?

Глава 8

Москва. Вторник. 17 августа ... года.

В 12 часов дня старший следователь Сакуровский сидел за столом в **кресле** в своём **кабинете**. Он с большим интересом **изучал** документы, находившиеся в старой пожелтевшей* папке* с надписью* «Василий Николаевич Гаврилов, 1900 года рождения». Не подвела* его **интуиция**: нужные документы были там, где он и ожидал*(2)*, – в архиве Федеральной службы безопасности*, **прежнего** КГБ – **Комитета** государственной безопасности. Лейтенант Чапаев смог*(1)* за два часа найти эту папку и привезти её Сакуровскому. Это дело за давностью лет* утратило секретность*, и поэтому его удалось*(1)* получить без **труда***. Сведения, **почерпнутые*** оттуда, были **весьма** интересными.

*黄色くなる
*ファイル　*タイトル
*期待を裏切る
*ФСБ 連邦保安局
*多年月の経過のため
*秘密性　*たやすく、楽に　*得る

Оказалось, что Гаврилов **родился** в Москве, был белогвардейским* **офицером**, **воевал против** Красной Армии в Сибири в составе* войск атамана* Семёнова, **командовал сотней**. Потом он бежал в Манчжурию. Там, где он оказался, было довольно* много и японцев. Гаврилов сумел*(1)* выучить японский язык и даже получил возможность*(1)* побывать в Японии. Но, в отличие от многих других белоэмигрантов*, он не остался там, а вернулся туда, где и жил раньше, - в Харбин.

*白衛兵の
*一員として　*コサック人の首長
*かなり
*白系亡命者

Во время Второй **мировой** войны, когда Германия напала* на СССР, Гаврилов обратился в советское консульство*, рассчитывая*(2)*, что в это трудное время ему **разрешат** вернуться на Родину. Своё **решение** он объяснял **исключительно** желанием **бороться** с **врагами** своей **Родины**. При этом* он утверждал, что располагает* **сведениями**, которые могли*(1)* бы помочь СССР в борьбе с Германией, но их он может сообщить только **лично** Сталину. Ему несколько раз отказывали*, но он всё-таки*(3)* добился своего. Однако*(3)* на родине его обвинили* в том, что он японский шпион. **Вместо** фронта Гаврилов попадает туда, откуда не многим удалось*(1)* вернуться, - в страшные лагеря в Сибири, тем не менее*(3)* он остаётся в **живых***. После 1945 года его **использовали** в качестве* переводчика для работы с японскими пленными. Однако *(3)* освободился он только после **смерти** Сталина в 1953 году. Неожиданно Гаврилов получает возможность*(1)* уехать туда, куда он больше всего* **стремился**, – в **столицу**, в Москву, так как ему предложили работать переводчиком в издательстве «Прогресс».

*攻撃する、攻める
*領事館
*それに加えて　*持つ
*断る
*起訴する、有害になる
*生き残る
*…として
*なにより一番

После этого сведений о его жизни не было. Зато* в деле

*その代わり、それに対して

имелось ещё три **важных** документа. Первым был список вещей, отобранных у Гаврилова при аресте в 1941 году. **Среди прочего** значились* и три японские гравюры, причём одна из них именно Рокана. Затем шёл* акт* о **передаче** этих трёх гравюр в Музей искусства народов Востока. Далее была **справка** о том, что в 1991 году Гаврилову по его просьбе были возвращены личные документы. Однако в списке указывались только **письма** и **дневники**.

*載る、登録される
*…の後に来る*証明書、記録

Сакуровский **встал** и стал ходить по своему кабинету из угла в **угол**. «Да, интересная история **получается**, - думал он. – Надо всё тщательно* **проанализировать**. Значит*, Гаврилову в действительности принадлежали три гравюры, переданные в музей, и он думал получить их обратно*, так как имел на это все **права**. Но справку об изъятии* этих гравюр ему из дела не вернули. Поэтому он ничего не мог **доказать**. Это **означает**, что если Гаврилов не сумел(1) **добиться** возврата гравюр **законным путём***, он **вполне** мог(1) решиться на* кражу.

*すっかり、徹底的に *すなわち、つまり
*元に戻す
*没収
*合法的に *…する決心がつく *…に踏みきる

Однако, если Гаврилов и собирался пойти на* это, то как объяснить то, что, во-первых, сам Гаврилов умер за* две недели до кражи, а, во-вторых, почему унесли только одну гравюру, а не все три? Надо съездить в отделение милиции* по месту жительства* Гаврилова и расспросить* участкового* и **соседей**».

*前に
*警察署
*居住地 *に詳しく尋ねる *地区警務主任

Он собирался было уходить, когда уже в дверях его остановил телефонный звонок. Сакуровский вернулся к столу:

- Следователь Сакуровский. Слушаю вас.

- Здравствуйте, с вами говорит* инспектор японской полиции Сиракаба, - **медленно** и старательно* **произнёс мужской** голос с **явным** иностранным акцентом. – Мне сказали, что это вы **ведёте** дело о краже гравюры…

*こちらは…
*緊張して、一生懸命に

- Да, но … - Сакуровский сначала от удивления даже **растерялся** и не знал, что ответить. Когда он вновь обрёл способность(1) говорить, он выпалил* первое, что пришло на ум*. - Но как вы узнали?! Кто вам сказал?!

*一気に言う
*思い浮かぶ

- Вы не могли(1) бы говорить помедленнее. **Повторите** ещё раз, пожалуйста. Мне трудно понимать, когда говорят быстро. Если можно, и **погромче**, пожалуйста.

- Да, конечно. Я хотел бы знать **источник** этой информации, - Сакуровский почти перешёл на* крик.

*…になる、…し始める

- Я читал об этом в газете. Потом звонил в …, - на другом конце провода* **возникла пауза**, – э-э … в **Министерство внутренних дел***. Там мне дали ваш телефон. Мы хотели бы э-э… **сотрудничать** с вами в этом деле.

*電話線
*内務省

- Ах, вот оно что*! Чем могу(1) быть полезен*, господин…

*なるほど*何かお役に立つことはありますか

- Сиракаба, - подсказал японец.

- Извините, так чем я могу(1) вам **помочь**, господин Сиракаба?

- У нас в Токио тоже украли гравюру, и мы не можем понять почему.

- Какую гравюру? Рокана?

- Да-да. Потом мы читали, что у вас тоже украли гравюру Рокана. Это так?

- **Совершенно верно**, но мы тоже пока не в состоянии(1) сказать что-то определённое*.

*はっきりした

- Что-что?

- У нас тоже не получается(1) узнать, кто и зачем украл. У нас нет даже никаких **предположений**, - **терпеливо** повторил Сакуровский.

- Нам кажется, что тут может быть … э-э connection. Как это сказать по-русски?

- **Связь**?

- Да-да. Связь. Может быть, есть связь? Какую гравюру у вас украли? Что там было нарисовано?

- К сожалению, копии украденной гравюры у нас нет, но говорят, что там был изображён актер кабуки.

- Правда? У нас тоже самое, и у нас есть фотография. Мы хотели бы, чтобы вы её посмотрели и … э-э … **сравнили**. Хорошо?

- Конечно. Нет **проблем**. Я покажу её в музее.

- Тогда я пришлю её вам по почте. А вы, пожалуйста, сообщите тем временем*, что вам известно, хорошо?

*そうするうちに

- Договорились, я отправлю вам всё по факсу. Скажите мне номер, пожалуйста.

- Код Японии 81, потом код Токио 3, номер факса 1314-4167. Заранее* большое спасибо.

*前もって

- Ну что вы*. Не за что пока **благодарить**. Друг другу надо помогать, не так ли? Надеюсь(2), что вместе мы быстрее сможем с этим **разобраться**.

*とんでもない

Слова для запоминания

1.	**кресло**	安楽椅子
2.	**кабинет**	①書斎 ②特別室
3.	**изучать - изучить**	学習する、研究する
4.	**интуиция・интуитивный**	直感・直感的な
5.	**прежний**	①以前の ②昔の
6.	**комитет**	委員会
7.	**труд・трудиться**	労働；仕事；努力、労務・労働する、励む
8.	**весьма**	極めて、はなはだ
9.	**родиться・рождение**	生まれる・生まれること、誕生
10.	**офицер**	将校
11.	**воевать**	戦争する、戦う
12.	**против**	…と向かい合って、に反対して・逆らって
13.	**командовать・командир**	①（＋造）指揮する ②号令をかける・指揮官、司令官
14.	**сотня**	１００個、１００でまとまったもの、１００人部隊
15.	**мировой・мир**	世界の、世界的な・①世界、...界 ②平和
16.	**разрешать - разрешить・разрешение**	①許可する ②解決する・許可
17.	**решение**	①解答 ②決定、決議
18.	**исключительно・исключать・исключение**	①特別に、殊に ②…だけ、もっぱら・追放する、除外する・追放、除外、例外
19.	**бороться・борьба**	戦う、闘争する・①闘争 ②試合・闘技
20.	**враг・вражеский**	①敵 ②敵軍・敵の
21.	**родина・родной**	祖国、故郷・①血のつながった ②生まれ故郷の
22.	**сведения**（複数）	①知識 ②情報、報道
23.	**вместо**	（＋生）...のかわりに
24.	**живой**	①生きている ②活発な、生き生きした
25.	**использовать・использование**	利用する・利用、使用
26.	**смерть**	死
27.	**стремиться - устремиться・стремление**	(к +与)追求・志向・切望する；(+不定形)志す、努める・志向、切望、意欲
28.	**столица**	首都
29.	**важный**	①重要な ②尊大な
30.	**среди**	…の中・間・中頃に
31.	**прочий**	①他の、別の ②他の人々
32.	**передача・передавать - передать**	①引渡し；伝達 ②放送、番組・伝える、渡す、放送する
33.	**справка**	①問い合わせ、調査 ②調査書、証明書
34.	**письмо**	手紙

35. **дневник** 日記
36. **вставать - встать** ①立ち上がる ②起きる、起こる
37. **угол** かど、すみ
38. **получаться - получиться** ①出来上がる、成功する ②（結果として）起きる
39. **анализ・анализировать** 分析・分析する
40. **право** 権利、資格
41. **доказывать - доказать・доказательство** 証明する・証明、証拠
42. **означать** 意味する
43. **добиваться - добиться** 獲得する、しようと努める、達成する
44. **законный・закон** 適法の、合法の・法則、法、法律
45. **путь** ①道、旅 ②方法
46. **вполне** まったく、完全に、十分に
47. **сосед・соседний** 隣人、隣席の人・隣の、近隣の
48. **медленный** ゆっくりした
49. **произносить - произнести・произношение** ①発音する ②言う・発音
50. **мужской・ мужчина** 男の、男らしい・男
51. **явный** ①公然の、あからさまな ②明白な、明らかな
52. **вести - провести** 連れて行く、運転する、導く,担当する
53. **растеряться** 途方に暮れる
54. **повторять - повторить・повторение** ①繰り返す ②復習する・①繰返し ②復習
55. **громкий** 大声の
56. **источник** 泉、起源
57. **возникать - возникнуть・возникновение** 起こる、生じる・発生、出現
58. **пауза** ①間、途切れ ②休止
59. **министерство** 省
60. **сотрудничать・сотрудничество** 協働する・協力、共同
61. **помогать - помочь・помощь** 手伝う、役立つ・援助、助力、救援
62. **совершенно** まったく、すっかり、全然
63. **верный・верность** 正しい、正確な、信頼できる、忠実な・忠実
64. **предполагать - предположить・предположение** 推測する、予測する・推測、予測
65. **терпеливый・ терпение・ терпеть** ①辛抱強い ②根気のよい・①忍耐 ②持続力・①我慢する ②大目に見る
66. **связь** 関係、係り、通信、連絡
67. **сравнивать - сравнить・сравнение** 比較する、比べる・比較、比喩
68. **проблема** 問題
69. **благодарить・благодарность** 感謝する・感謝
70. **разбираться - разобраться** 通暁する、くわしく知る、分かる

(1) ВОЗМОЖНОСТЬ, УМЕНИЕ 可能性、能力

表現・手段	表現内容	例文
МОЧЬ-СМОЧЬ+動詞の不定形	（できる）	Я не **могу** говорить. Он **сможет** это сделать.
УМЕТЬ-СУМЕТЬ+動詞の不定形	（する能力がある）	Но я **умею** читать. Он **сумеет** добиться[1] поставленных целей
(主体の与格) + **УДАВАТЬСЯ –УДАТЬСЯ** +対格	（成功する）	Мне **удается** много разных дел. Ему **удастся** довести дело до конца[2].
(**У**+主体の与格) + **ПОЛУЧАТЬСЯ – ПОЛУЧИТЬСЯ**	（うまくいく）	Но **у** меня не **получается** запоминать слова. У него всё **получится**.
ПОЛУЧАТЬ-ПОЛУЧИТЬ ВОЗМОЖНОСТЬ+動詞の不定形	（機会を得る）	Я **получил возможность** учиться в университете. Он **получит возможность** осуществить[3] свою мечту.
БЫТЬ В СОСТОЯНИИ+動詞の不定形	（しうる）	Но я не **в состоянии** учиться хорошо. Он **будет в состоянии** справиться с[4] порученным делом.
ОБРЕТАТЬ-ОБРЕСТИ СПОСОБНОСТЬ+動詞の不定形	（能力を得る）	Я **обрёл способность** спать на лекциях. Он **обретёт способность** достигать[5] результата всегда.

[1] 努力して達成する [2] 完成する [3] 実現する [4] こなす [5] 達成する

(2) ОЖИДАНИЕ 期待

表現・手段	表現内容	例文
НАДЕЯТЬСЯ + **НА**+対格 +動詞の完了体不定形 +**ЧТО**	（期待する）	Я **надеюсь** только **на** свои силы. Я **надеюсь** сдать экзамен. Он **надеялся, что** она придёт.
РАССЧИТЫВАТЬ + **НА**+対格 +動詞の完了体不定形 +**ЧТО**	（当てにする）	Я **рассчитываю** только **на** себя Я **рассчитываю на** то, что всё будет хорошо. Он **рассчитывал, что** вскоре увидит её.
ОЖИДАТЬ +生格 +動詞の完了体不定形 +**ЧТО**	（待ち受ける）	Я **ожидаю** хорошего результата. Он **ожидал** встретить её здесь. Он **ожидал**, **что** она сдержит своё слово[1].

[1] 約束を守る

(3) ПРОТИВИТЕЛЬНЫЕ ОТНОШЕНИЯ 反意

表現・手段	表現内容	例文
ОДНАКО	（しかし）	Мы хотели прогулять[1] урок русского языка, **однако** совесть[2] нам не позволила[3]. Он был уже в летах[4], **однако** наивен[5] как младенец[6].
ТЕМ НЕ МЕНЕЕ	（それでも）	Было холодно, **тем не менее** хотелось пива. Им жилось плохо, **тем не менее** было весело.
ВСЁ-ТАКИ・ВСЁ ЖЕ	（それでも） ОДНАКО,НО *と一緒に*	Ужасно дорого, но **всё-таки** так хочется купить это платье! Было темно и холодно, но **всё же** он пришёл

[1]サボる [2]良心 [3]許す [4]もう年だ [5]無邪気 [6]赤ん坊

Вопросы для развития устной речи

1. Какие документы изучал у себя в кабинете Сакуровский?
2. Легко ли он получил документы из архива ФСБ?
3. Чем занимался Гаврилов в молодости?
4. Когда и как вернулся Гаврилов на родину?
5. Куда попал Гаврилов после возвращения в СССР?
6. Когда Гаврилов освободился из лагеря?
7. Что он делал после освобождения?
8. Какие важные документы обнаружил Сакуровский в деле Гаврилова?
9. Почему Гаврилов не смог добиться возврата своих гравюр законным путём?
10. Мог ли Гаврилов украсть гравюру из музея?
11. Куда собирался поехать Сакуровский после изучения документов из КГБ?
12. Кто позвонил Сакуровскому?
13. О чём они говорили?
14. О чём договорились Сакуровский и Сиракаба?

Глава 9

Москва. Вторник. 17 августа ... года.

В 9 часов вечера по московскому времени Иван Сакуровский ещё был на работе и сочинял* послание* в Японию. Он только что вернулся после разговора с участковым, который рассказал ему много интересного про **последние** годы жизни Гаврилова. По мере того как он излагал на бумаге* всё известное ему, Сакуровский приходил к **выводу**, что между московской кражей и преступлением в Токио действительно может **существовать** связь. Но вот какая? Это ему было пока не понять*(1)* .

*作成する *書簡、手紙

*文書で述べる

Сакуровскому по–прежнему не здоровилось*, но он **заставил** себя **сосредоточиться** и трудился до тех пор, пока не написал всё. Это заняло *(2)* у него часа два. Но он не **зря** потратил *(2)* время. Пока он писал, он ещё раз смог переосмыслить* услышанное им сегодня. Но прежде чем уйти домой, он решил прослушать ещё раз сделанную им **магнитофонную** запись* разговора с участковым. На это ему потребовалось *(2)* ещё полчаса...

*具合はよくない

*再検討する

*録音

- Вы знаете, Гаврилов долгое время жил один. С тех пор, как его жена умерла, минуло*(2)* уже 25 лет. Сам же он был мужиком* крепким и выглядел* моложе своих лет*. Можно сказать, здоровье было **железное**. В то время как другие старики сидели на лавочке* и играли в домино* или **шахматы**, Гаврилов бегал трусцой* в ближайшем лесу. Лишь рассветёт*, а он уже на ногах*. Друзей у него не было, он почти ни с кем не **общался**. Но как только началась перестройка, Гаврилова словно*(3)* подменили. Он будто бы*(3)* ожил*. Совершенно неожиданно для всех он стал **активным членом** националистической* **партии** «Русский путь». Как будто*(3)* в другого человека **превратился**.

*奴　*…に見える　*年齢

*ベンチ　*ドミノ遊び

*ジョギングする

*夜が明ける　*起きる

*生き返る

*民族主義の

- А вы знали что-нибудь о его **прошлом**?

- Да нет, я же говорю, что человеком он был замкнутым*, а к нему никто специально **в душу не лез***. Что за* интерес? **Обыкновенный** старик.

*打ち解けない　*心に立ち入る *どんな、なんの

- Он ведь в прошлом был белогвардейцем, потом в лагере долго сидел.

- Вот как? Я и не подозревал*. Теперь всё **становится** понятнее. Ведь едва началась перестройка, так он стал **открыто ругать** коммунистов, которые, по его словам,

*気づく

«погубили* Россию». Но и новая **власть** ему не нравилась. Прошло*(2)* **несколько** лет, и он стал говорить, что демократы **продают** Россию иностранцам, а само **правительство** подкуплено* ЦРУ*.

*滅ぼす
*買収する　*CIA

- Так и говорил?

- Ну да, открыто, не **стесняясь**, теперь же у нас демократия, свобода слова. Я же говорю, что он **полностью изменил** своё **поведение**. Бывало чуть увидит кого, так сразу начинает свои разговоры про возрождение* **великой** «**единой** и неделимой» Российской **империи**. А то за **державу**, говорит, **обидно**... Да, вот ещё что… Не знаю, поможет ли это вам или нет…

*復活

- Говорите, говорите. Тут каждая **деталь** важна.

- Дело в том, что Гаврилов постоянно упоминал вскользь* о каком-то золоте, **спрятанном** в **надёжном** месте. Говорил, что на него чуть ли не* всю Америку купить можно. Но раньше чем к власти придут* настоящие патриоты, то есть как раз* его партия, никто этого золота не увидит. Пусть* даже на это уйдёт *(2)* много времени.

*ついでに
*ほとんど
*政権を執る
*まさに
*…してもよい

- Ну и что*, верили про это золото?

*それで(口)

- Да как вам сказать… Я то думал, что наверняка*(4)* **врёт**. Откуда он золото возьмёт? Простой пенсионер. Хотя, конечно, Бог его знает*. Теперь такие времена* настали, что всё возможно. Многие **считали**, что старик просто выжил из **ума*** на старости лет*. А тут он ещё к японцам ходить повадился*.

*誰にも分からない　*時代
*もうろくする　*晩年に
*…することが慣習(癖)になる

- К каким таким «японцам»?

- Да к самым настоящим. Слышали, должно быть*(4)*, секту* они открыли, «Дети истины» называется. Вот это и было странно: вроде такой патриот, а сам к иностранцам стал бегать*.

*宗派
*よく行く

- Расскажите об этом подробнее.

- Мне ничего толком* неизвестно. Говорили лишь, что и японцы домой к Гаврилову приходили. Вроде и накануне смерти у него кто-то был, но **точно** ничего **утверждать** нельзя*(1)*.

*要領よく、はっきりと

- Расскажите про обстоятельства его смерти.

- Узнали об этом случайно. Гаврилов **вдруг перестал** появляться* на улице. Сначала думали, что, наверное*(4)*, уехал куда-нибудь. А тут соседка говорит, что вроде он не собирался никуда.

*姿を現す

- Какая соседка?

- Рядом с ним на лестничной площадке* живёт Марья Николаевна Воронцова, **женщина** ещё молодая. С тех

*階段の踊り場(階)

пор, когда Гаврилов остался вдовцом*, она ему **иногда** помогала по **хозяйству**, **жалела*** старика. Ведь у него не было ни родных, ни **близких**. А когда он уезжал, то обычно просил её присмотреть за* **квартирой**. Но в этот раз ничего.

*独身、やもめ
*いたわる
*…を見守る

- И что?

- Прошло(2) два дня. Мы подождали, но нет его. На **звонки** никто не отвечает. Делать нечего, вызвали понятых*, решили дверь ломать*. Вошли, а он лежит ничком* у **кровати** на полу - ни **крови**, ничего нет. Сначала мелькнула **мысль**, что он, наверно(4), просто потерял **сознание** и упал, но он уже того*... Ну, **запах**, сами понимаете. Вызвали **врача**, тот и говорит, что Гаврилов уже трое суток как* **мёртвый**. Вроде от сердечного приступа* умер. Потом этот вывод и медицинская экспертиза* подтвердила.

*立会人*壊す
*うつ伏せ
*あのう、ええと（死んだ）
*…からもう…去った
*心臓発作
*医学的鑑定、検診

- Осмотр квартиры делали?

- Конечно! А как же иначе*?! Но там вроде всё на месте* было, ничего не пропало. Но это только **со слов*** соседки, так как больше никто у него не бывал. В общем, следов преступления не обнаружили и дело закрыли*.

*当然です
*あるべき所　*…の言葉による、…の又聞きで
*終了する

- А где его вещи сейчас?

- Наследников* у Гаврилова не нашлось*, поэтому **составили** опись имущества*. Наиболее ценные вещи вроде **мебели**, **телевизора**, **холодильника** и книг были проданы через комиссионный магазин*, а **средства** перечислены* на **счёт** дома престарелых*. Никаких **драгоценностей** за исключением* обручальных **колец*** Гаврилова и его жены тоже не нашли.

*相続人*見つかる
*財産目録
*古物店
*振り込む *老人ホーム
*以外　*結婚指輪

- А документы?

- Не было никаких особых документов – **паспорт**, пенсионная книжка*, да всякие справки из **поликлиники** и всё.

*年金証書

- Вы не помните, не было ли найдено каких-нибудь писем, дневников?

- Точно могу сказать - не было ничего. Мне это тоже странным показалось, но доказательств воровства никаких…

Сакуровский протянул* руку и **выключил** магнитофон. «Странно, куда же всё подевалось*? – думал он. - Ведь в кагебешном* деле Гаврилова была справка, в которой чётко сказано, что личные письма и дневники ему были возвращены. Не могли же они просто исчезнуть?!»

*伸ばす
*消える
*КГБ の

Слова для запоминания

1.	**возвращаться - вернуться・возвращение**	①帰る、戻る ②回復する・① 帰還、帰宅 ②返済、返却
2.	**последний**	最後の
3.	**вывод**	結論、帰結
4.	**существовать - просуществовать・существование**	存在する、生活する・存在、生存；生活
5.	**заставлять - заставить**	強いる、余儀なくさせる
6.	**сосредотачиваться - сосредоточиться**	集中する、集める
7.	**зря**	無駄、無意味
8.	**магнитофон**	テープレコーダ
9.	**железный・железо**	①鉄の②頑固な、強い・鉄
10.	**шахматы**	チェス
11.	**общаться・общение**	…と交際する、…とつきあう・交際,交流,結びつき
12.	**активный**	活動的な、積極的な
13.	**член**	一員、会員、メンバー
14.	**партия**	政党、党
15.	**превращаться - превратиться・превращение**	変わる、転化する、変身する・転化、変身
16.	**прошлое**	過去のこと、往時
17.	**лезть - залезть**	①よじ登る、はい上がる　②這い込む、忍び込む
18.	**обыкновенный**	普通の、平凡な
19.	**становиться**	①...になる ②立つ、並ぶ
20.	**открытый**	①開いた；露出した ②公開の、公然の
21.	**ругать・ругаться**	罵る・罵り合う
22.	**власть**	権力、政権
23.	**несколько**	幾らか、少し
24.	**продавать - продать・продажа**	販売する、売る・販売
25.	**правительство**	政府
26.	**стесняться - постесняться**	…に気兼ねする、…に気おくれする、遠慮する
27.	**полностью**	十分に、完全に
28.	**изменять - изменить・измена**	①変える②裏切る・裏切り
29.	**поведение**	①品行、身持ち、振る舞い ②動き方、行動
30.	**великий**	偉大な
31.	**единый**	①統一された ②（+否定詞）ただ一つの
32.	**империя**	帝国
33.	**держава**	強国、国
34.	**обидный・обидно**	①**侮辱的な、**無礼な ②残念な、いまいましい・腹だたしげに

35.	**деталь**	①詳細、細目　②部品
36.	**прятать - спрятать**	①隠す；見えない,分からない所へしまう②秘める
37.	**надёжный・надёжность**	信頼できる・信頼、信頼性
38.	**врать - соврать・ враньё**	嘘をつく・嘘、嘘をつくこと
39.	**считать - посчитать**	①数を言う、数える、計算する ②見なす
40.	**ум・умный**	知力、知恵、知性・頭がいい、賢い、利口な
41.	**точный・точно**	正確な、精密な；確実な・①正確に ②あたかも…のように
42.	**утверждать - утвердить・утвердительный**	①認可する ②断言する ③強化する・①同意を示す ②肯定の
43.	**вдруг**	偶然に、急に
44.	**переставать - перестать**	①やめる ②やむ
45.	**женщина**	女性、女
46.	**иногда**	時々、時折
47.	**хозяйство**	①経済 ②家,世帯道具 ③家事・①経済の ②家事の ③切り盛り上手な
48.	**жалеть - пожалеть・жалость**	①あわれむ、同情する ②惜しむ ③大切にする・哀れみ、同情
49.	**близкий**	①近い ②親しい
50.	**квартира**	アパート式住宅、フラット
51.	**звонок**	①呼びかね、鈴 ②その音
52.	**кровать**	ベッド
53.	**кровь**	血
54.	**мысль**	考え、思想、思考
55.	**сознание**	意識
56.	**запах**	臭い、香り
57.	**врач**	医者
58.	**мёртвый**	死んだ、死人
59.	**слово**	①単語；言葉 ②発言権；言論
60.	**составлять - составить**	編纂する；構成する、成す
61.	**мебель**	家具
62.	**телевизор**	テレビ
63.	**холодильник**	冷蔵庫
64.	**средство・средства**（複数）	方法、手段、道具・資金
65.	**счёт**	①計算、勘定；請求書 ②得点、スコア ③口座
66.	**драгоценность**	宝石；宝物、貴重なもの
67.	**кольцо**	輪、指輪；環状のもの
68.	**паспорт**	パスポート
69.	**поликлиника**	総合診察所
70.	**выключать - выключить**	（電気、ガス、機械等を）止める、断つ

(1) НЕВОЗМОЖНОСТЬ 不可能性

表現・手段	表現内容	例文
НЕЛЬЗЯ	（不可能） *無人称文* *主に動詞の完了体* *(不完了体＝禁止)*	**Нельзя** объять необъятное[1]. Без этого нам **нельзя** обойтись[2].
主体の与格 **+動詞完了体不定形**	（不可能） 無人称文	Но многим **не понять** это. Им **не решить** этой проблемы.
主語**+完了体被動形動詞**	（不可能）	Эта задача **невыполнима**, поэтому мечта **неосуществима**.

[1] 無限を抱擁する [2]…なしで済む

(2) ЗАТРАТЫ ВРЕМЕНИ 使用時間

表現・手段	表現内容	例文
(主語)+**ЗАНИМАТЬ-ЗАНЯТЬ** +対格	（時間を取る、かかる）	Подготовка к уроку **заняла** пять минут. У вас это много времени не **займёт**.
УХОДИТЬ-УЙТИ+НА+対格	（去る、過ぎ去る）	**На** подготовку к уроку **ушло** три минуты. У вас **уйдёт на** это только пару секунд.
НА+対格(**ДЛЯ**+生格) **+ТРЕБОВАТЬСЯ - ПОТРЕБОВАТЬСЯ**	（要求される、必要である）	**На** подготовку к уроку **потребовалось** две минуты. **Для** этого **требуется** всего один день.
ТРАТИТЬ-ПОТРАТИТЬ+ НА+対格 (**ДЛЯ**+生格)	（使う、費やす）	Студент **потратил на** подготовку к уроку одну минуту. **Для** достижения своей цели он собирается **потратить** всю жизнь.
ПРОХОДИТЬ-ПРОЙТИ	（経つ、過ぎ去る）	**Прошло** три года и студент окончил университет. **Пройдёт** немного времени, и вы станете жить самостоятельно[1].
МИНОВАТЬ-МИНУТЬ	（経過する） *文語*	**Минуло** два года, но денег не было как нет. **Минуют** столетия, и никто не вспомнит о нас.

[1] 自立して

(3) ПОХОЖЕСТЬ, СРАВНЕНИЕ 類似性、たとえ

表現・手段	表現内容	例文
КАК	（…のよう、…同様だ）	Он **как** большой ребёнок. У него такой же портфель, **как** и у меня.
СЛОВНО (КАК)	（まるで…であるかのように）	Он **словно** маленький мальчик. Он встретил меня так, **словно** мы давно знакомы.
(КАК) БУДТО (БЫ)	（…みたいに）	Он **будто бы** только вчера из детского садика. Он обрадовался подарку так, **как будто бы** никогда в жизни ничего подобного не видел.

(4) УВЕРЕННОЕ ПРЕДПОЛОЖЕНИЕ 確実な推測

表現・手段	表現内容	例文
НАВЕРНО **НАВЕРНОЕ** **НАВЕРНЯКА**	(...にちがいない)	**Наверно**, мы будем у Максима. Студенты, **наверное**, сделают домашнее задание. Если будем идти медленно, мы **наверняка** опоздаем на поезд.
ДОЛЖНО БЫТЬ	(きっと)	Он, **должно быть**, совсем забыл об этом. **Должно быть**, гости уже уехали.

Вопросы для развития устной речи

1. Что делал на работе Сакуровский так поздно?
2. Может ли существовать связь между московской кражей и преступлением в Токио?
3. Сколько времени потратил Сакуровский на сочинение послания в Японию?
4. Почему это заняло так много времени?
5. Сакуровский после того, как закончил писать письмо, ушел домой?
6. Какое здоровье было у Гаврилова?
7. Как он заботился о своем здоровье?
8. Когда Гаврилов стал членом националистической партии «Русский путь»?
9. Знал ли участковый что-нибудь о прошлом Гаврилова?
10. Нравилась ли Гаврилову новая российская власть?
11. О каком золоте Гаврилов постоянно упоминал?
12. Верил ли участковый рассказам пенсионера о золоте?
13. Как умер Гаврилов?
14. Какое имущество осталось после смерти старика?
15. Какие вещи исчезли из дома Гаврилова?

Глава 10

Токио. Среда. 18 августа ... года.

Поздно ночью, когда по московскому времени было около*(2)* 10 вечера, а в Токио по местному времени было уже 3 часа ночи, на имя* инспектора Сиракаба пришёл факс из Москвы.

*宛てに

Дежурный по управлению положил его на стол инспектора, чтобы тот смог сразу прочитать его с утра. Но весь*(3)* следующий день инспектор Сиракаба так и* не появился на своём рабочем месте, ибо в 7 часов 23 минуты утра вся полиция города Токио была **поднята на ноги*** по*(1)* тревоге*: примерно*(2)* в четверть восьмого неизвестные **обстреляли** здание **парламента**. Из притормозившего* прямо напротив парламента крытого* **грузовика** было **выпущено** две самодельные* **ракеты**. Обе **попали** в здание, но больших разрушений* **взрыв** не **причинил**. К счастью*, не было и человеческих жертв* благодаря тому, что в этот ранний час в здании было **пусто**.

*結局(完了体動詞を伴い)
*動員される *緊急事態
*ちょっとスピードを落す *幌つきの *手製の
*破壊
*幸いにも *死傷者

Почти*(2)* **одновременно** был обстрелян и императорский **дворец**, но в силу того, что он не виден из-за*(1)* деревьев, **ракеты** взорвались* в парке, не **причинивши** вреда*. Через несколько минут после обстрела вышла в эфир* неизвестная радиостанция и на **волне*** **общественной** телерадиокорпорации Эн-Эйч-Кэй в течение*(3)* часа передавала обращение к «японскому народу» главы секты «Дети истины». Он призвал* всё **население страны** не выходить сегодня на работу и **отказаться** подчиняться* «мирским* властям», потому что они «ведут страну к гибели»*. Он говорил, что надо **следовать** «истинному пути», который был ему «открыт свыше*». «Вследствие того, что Япония - страна богов, - **заявил** лидер секты «Дети истины», - **управлять** ею достойны* лишь люди, наделённые* **высшей**, божественной властью». Очевидно, он подразумевал под* этим самого себя.

*爆発する
*被害
*放送を開始する
*電波を使って
*呼びかける
*服従する *世俗の
*破滅
*天から
*ふさわしい *与える
*ほのめかす、言わんとしている

Естественно, **большинство людей** проигнорировало* это обращение. Но правительство расценило* **выступление** главы «Детей истины» как призыв к **восстанию** и свержению* законной власти*. Поэтому уже во время*(3)* передачи*, не дожидаясь её конца, был отдан приказ **ввести** чрезвычайное **положение*** и принять

*無視する
*…と見なす
*打倒 *合法的政治力
*ラジオ放送
*非常事態

меры* для немедленного* ареста* **руководства** секты. По направлению к штаб-квартире* этой секты, находившейся в пригороде Токио, уже мчались* полицейские машины. В одной из машин сидел инспектор Сиракаба. Ввиду того, что жил он неподалёку от главного офиса секты, за ним заехали прямо домой.

*措置を取る　*至急の　*逮捕
*本部
*走る

В связи с тем, что приказ о немедленном аресте был отдан на самом **высоком уровне***, начальник Главного полицейского управления Токио лично разрешил **применять** в случае* необходимости боевое **оружие***. Где-то*(2)* в половине восьмого были подняты в **воздух*** полицейские вертолёты*, а вместе с ними взлетели и вертолёты ведущих* японских телекомпаний, начавших вести прямой репортаж* с воздуха.

*トップ・レベル
*…の場合には　*銃、実弾
*飛び立つ
*ヘリコプター
*主要な
*生放送、現地報告

Благодаря*(1)* этому только что **прибывший** из Москвы Дзиро Ямамото мог **наблюдать** за **развитием событий** у себя дома по телевизору. Оттого, что он никак не* мог перейти на токийское время после перелёта из Москвы, Ямамото по вечерам не **хотелось** спать, и засыпал он лишь под утро*. Сказывалась* разница во времени. Вчера в офисе «Детей истины» они коротко за*(3)* **чашкой** чая переговорили* о делах с начальником **отдела** международных связей*. Ямамото пробыл в Москве безвыездно* почти десять месяцев*(3)*. Он хотел было* лично встретиться с главой секты, но ему сказали, что Учитель сейчас как раз **занят**, и что он может идти домой отдыхать с*(1)* дороги*, а завтра в среду приблизительно *(2)* в два часа **явиться** на приём* с **отчётом**.

*どうしても
*明け方近く　*感じられる
*意見を交わす
*国際交流部
*引きこもって　*…しかけたが、…
*旅
*面会

В среду с утра Ямамото **проснулся** из-за*(1)* шума вертолётов, круживших* над штаб-квартирой «Детей истины», так как квартиру снимал* он совсем рядом. **Включив** телевизор, он сначала не мог ничего толком* понять, но потом, когда из*(1)* объяснений телеведущих* до него дошло*, что произошло, Ямамото чуть не захлебнулся* от*(1)* **злости**: «**Дурак**! Неужели он всё-таки **решился** на это безумие?! Пророком* себя возомнил*! Новым императором захотелось стать! И что ему надо было? Денег кучу* имел, жил как царь, так нет*, ему всё* мало было! Ведь понятно, что его **идея** захвата власти неосуществима. Многие говорили ему об этом. Однако не послушал* и всё тайно **подготовил** вместе с кучкой* таких же фанатиков*, как и он сам. Теперь всем членам секты придётся отвечать* за*(1)* его безумие…» **Внезапно** Ямамото аж подскочил с **постели**: «Боже мой! Мой сейф*! Как я мог **забыть**?! Ведь всё же там! Надо **срочно**

*旋回する
*借りる
*明瞭に
*ＴＶレポーター
*通じる、理解される
*息が詰まりそうになる
*預言者　*自分を…と思い上がる、うぬぼれる
*たくさん　*それなのに*(強調)
*耳をかす　*集団、グループ
*狂信者
*責任をとる
*金庫

бежать, может быть еще успею, **иначе** …»

Надев впопыхах* **джинсы** и **майку**, Ямамото опрометью* выскочил из дома и помчался по направлению к штаб-квартире «Детей истины». За(3) десять минут он успел добежать до **цели**, но было уже поздно: **кругом** была полиция, даже на **крыше**. Пробраться* незамеченным не было никаких **шансов**, не говоря уж о том*, чтобы вынести что-нибудь. Все **входы** и **выходы** были перекрыты*.

*あわてて
*大急ぎで、一目散に
*こっそり入る
*…いうまでもない
*閉鎖する

«Наоборот, надо поскорее сейчас уходить, чтобы не **словили**, - подумал Ямамото. Если полицейские доберутся* до сейфа, то тогда ему несдобровать*. Про Москву они, может, и не узнают. Токио далеко, да и уличить* его в московской краже сложно. Только сплоховал* со стариком*. Гаврилов уже был очень стар, и вряд ли* его смерть могла вызвать подозрения*. Тем более что через два часа не должно было остаться никаких следов от введённого ему наркотического **вещества**.

*つきとめる、知る　*まずいことになる
*…を摘発する
*へまをする　*老人のことで
*恐らく…まい　*疑惑

Разве что* дневник Гаврилова? Но даже если полицейские найдут его, из-за того что он написан изобретённым* Гавриловым русско-японским шифром*, прочитать его будет сложно. Вряд ли в полиции найдётся человек, хорошо знающий русский. Но если при(3) обыске найдут оригинал гравюры, похищенной в Токио у Тода, тогда будет действительно плохо. Хотя украл не он лично, а по его просьбе в то время(3), пока он сам был в Москве. Но это сейчас неважно… Главное, что всё **задуманное** может провалиться*. Сразу надо было **действовать**, а не **тратить** время зря! За(3) **день** мог бы всё успеть! Ну ничего, не всё ещё потеряно. Может ночью удастся проникнуть в здание…»

*恐らく…だけは(=может быть только)
*発明する　*暗号
*失敗する

Ямамото засунул руки в карманы, и с видом* человека, которому якобы* нет никакого дела до* этой суеты*, зашагал прочь*.

*…ような顔をして
*あたかも…のようだ　*関心・関係がない　*あわただしさ、騒ぎ　*わきに、別の方向に

Слова для запоминания

1.	**поднимать - поднять**	①持ち上げる ②立たせる ③高める
2.	**нога**	足
3.	**обстреливать - обстрелять・стрелять - выстрелить**	…に砲火を浴びせる・発射する、発砲する、討つ
4.	**парламент**	国会
5.	**грузовик**	トラック
6.	**выпускать - выпустить**	①外へ出す、放つ ②送り出す，発行する ③発射する ④作り出す
7.	**ракета**	ロケット、ミサイル
8.	**попадать - попасть**	(в,на+対)当たる、ぶつかる、行き当たる、入り込む
9.	**взрыв**	爆発
10.	**причинять - причинить ・ причина**	引き起こす、…の原因（誘因）となる、こうむらせる・原因、理由
11.	**пустой ・ пустота**	空の、中空の、人気のない・空っぽ、むなしさ
12.	**одновременный**	同時の
13.	**дворец**	①宮殿 ②会館
14.	**волна**	波、波動
15.	**общественный ・ общество**	社会の、公的・社会、組織、協会
16.	**население**	住民、人口
17.	**страна**	①国 ②地方、土地
18.	**отказываться - отказаться ・ отказ**	断る、断念する、否定する・拒絶、否定
19.	**следовать - последовать ・ последователь**	①後に続く ②従う ③当然そうなる ④すべきである・信奉者
20.	**заявлять - заявить ・ заявление**	告げる、申告する、申し込む・申告、申し込み
21.	**управлять ・ управление**	①操作する、運転する ②管理する
22.	**высокий ・ высота**	高い・高さ
23.	**естественно ・ естественный**	当然・①自然（天然）に属する、自然な ②ありのままの、率直な
24.	**большинство**	大多数、大半
25.	**человек - люди**	人、人間
26.	**выступать - выступить ・ выступление**	出場・出演・登壇する・発表、演説
27.	**восстание**	蜂起
28.	**вводить - ввести ・ введение**	①入れる ②導入する ③開始する・①引き入れること ②序文、入門
29.	**положение**	①状態、状況、立場 ②地位、身分 ③情勢 ④事態、体制
30.	**руководство ・ руководитель**	指導部・指導者、リーダー
31.	**уровень**	水準、レベル、高さ
32.	**применять - применить ・ применение**	適用する、使用する、応用する・使用、応用、適用
33.	**оружие**	武器、兵器
34.	**воздух**	①空気、大気 ②青空、外

35.	**прибывать - прибыть・прибытие**	到着する・到着
36.	**наблюдать・наблюдение**	①見守る、観察する ②監視・監督する・観察、観測、観察結果
37.	**развитие・развивать - развить**	①発達、育成 ②成り行き、経過 ③発展過程・発達させる、成長させる
38.	**событие**	出来事、事件
39.	**хотеться - захотеться**	…したくなる、…が欲しくなる、…へ行きたくなる
40.	**чашка**	コップ
41.	**отдел**	部、部門
42.	**занятый**	①忙しい ②使用中
43.	**являться - явиться・явление**	①出頭する、現れる ②である、となる・現象、事件、出来事
44.	**отчёт・отчитываться - отчитаться**	報告・報告する
45.	**просыпаться - проснуться**	起きる、目覚める
46.	**включать - включить**	①加える ②スイッチを入れる
47.	**злость・злой ・зло**	悪意、恨み
48.	**дурак**	馬鹿
49.	**решаться - решиться**	決心する
50.	**идея・идеальный**	①観念 ②思想 ③考え、思いつき・理想的な
51.	**готовить - подготовить・подготовка**	①準備する、用意する ②作る、作成する（不完了のみ）・準備
52.	**внезапно**	突然、不意に
53.	**постель**	寝具、寝床
54.	**забывать - забыть**	忘れる
55.	**срочный・срочно**	急な・急に
56.	**иначе**	①別のやりかたで、違って ②(接続詞)さもないと
57.	**надевать - надеть**	着る、かぶる
58.	**джинсы**	ジーンズ
59.	**майка**	T シャツ
60.	**цель**	的、目的
61.	**кругом**	①まわりを、あたりには ②ぐるりと
62.	**крыша**	屋根
63.	**шанс**	チャンス
64.	**вход**	①入ること ②入口
65.	**выход**	①出ること、出発 ②出口 ③解決法、抜け道
66.	**ловить - словить**	捕まえる、キャッチする
67.	**вещество**	物質
68.	**задумывать - задумать**	…しようと思う、企てる、決める
69.	**действовать - подействовать・действие**	①行動・活動する ②作用する ③利用する・行動・作用、効果
70.	**тратить - потратить・трата**	費やす、消費する・①消費 ②損失

(1) ПРИЧИНА 原因、理由

表現・手段	表現内容	例文
БЛАГОДАРЯ +与格	(…のおかげで(プラス)) *好適な原因、主に次の名詞の後に用いる:* *動詞から派生した名詞*(открытие, знание, помощь 等) *人間・天気の関係の名詞*(мать, солнце, друг 等) *性格の特徴の名詞* (мужество, мягкость, доброта 等)	**Благодаря** хорошим знаниям студент получил хорошую работу. **Благодаря** учителю мы смогли выучить русский язык.
ИЗ-ЗА+生格	(…のせいで(マイナス)) *動作の実現不可能になった原因また望ましくない動作を生じた原因* *主に否定文に*	**Из-за** лени она не смогла окончить университет. **Из-за** плохих друзей он бросил учебу.
ПО+与格	(…の故に…に基づいて、…に従って) *主に不利な状況を生じた原因, 主に人間の欠点を示す名詞* (небрежность, неопытность, неумение 等)*の前*	**По** своей глупости мы часто пропускали занятия в университете. **По** ошибке он вошёл не в ту дверь.
ОТ+生格	(…のために) *主に不利な状況をもたらした原因, いやな感じを生じる自然・感情を示す名詞の前*(*горе, обида, жара* 等)	Мокрый **от** дождя зонтик стоял в углу. Бледный **от** страха студент стоял перед доской.
ИЗ+生格	(…のために) *主に意識的動作の原因* *人間の感情の名詞*(любовь, интерес, страх 等)*の前*	**Из** нелюбви к русскому языку он решил поскорее его выучить. Студенты не могут часто обедать в ресторанах **из** экономии[1].
ЗА+生格	(…のことを思って) *感情を引き起こす対象*	Нам было стыдно **за** него. Учитель радовался **за** своего ученика.
С(О)+生格	(…のために、…で) *無意識的動作の原因,* **ОТ** *とほぼ同じ*	Те, кто слишком экономят на еде, могут умереть **с** голоду. На экзамене студент дрожал[2] **со** страха.

[1]節約 [2]震える

(2) ВРЕМЕННАЯ И ПРОСТРАНСТВЕННАЯ НЕОПРЕДЕЛЕННОСТЬ 時間と空間のあいまいさ

表現・手段	表現内容	例文
ОКОЛО+生格	（…近く）	Они всегда приходят **около** трёх часов. **Около** университета всегда много людей.
ГДЕ-ТО	（およそ，どこかに）	Он вернулся **где-то** часа в три. **Где-то** в парке играла музыка.
ПОЧТИ	（ほぼ、…に近い）	Нам потребовалось **почти** два часа, чтобы приготовить ужин. **Почти** у самого дома он поскользнулся[1] и упал.
ПРИМЕРНО	（およそ、約）	**Примерно** раз в месяц мы собираемся с друзьями. **Примерно** в этом районе упал метеорит[2].
ПРИБЛИЗИТЕЛЬНО	（およそ、ほぼ）	**Приблизительно** в десять часов вечера начнётся карнавал. **Приблизительно** в этом месте и был зарыт клад[3].
ПОД+対格	（…近くに） *主に朝、夜、曜日、祭日、地名等の言葉の前*	После шумной вечеринки студенты вернулись домой только **под** утро. **Под** Киевом много красивых мест. У меня **под** домом растут цветы..

[1] すべってよろける　[2] 隕石　[3] 秘宝

(3)ОТРЕЗОК ВРЕМЕНИ, В ТЕЧЕНИЕ КОТОРОГО ПРОИСХОДИТ ДЕЙСТВИЕ 行為の行われる期間

表現・手段	表現内容	例文
ВО ВРЕМЯ+生格	（…の時に）	**Во время** урока кто-то непрерывно чихал[1]. **В** то **время**, когда преподаватель выходил, студенты успели списать[2] друг у друга.
В ТЕЧЕНИЕ+生格	（…の時に、…の内に、…の間）	**В течение** лекции кто-то всё время кашлял[3]. Он обещал мне позвонить **в течение месяца**.
ВЕСЬ, ЦЕЛЫЙ+対格	(ずっと、丸…)	**Целый день** она не находила себе места. Они гуляли **всю ночь** до утра.
ПРИ+前格	（…の時に、…の時代） *具体的な動作又は時代・時世*	Даже **при** повторном чтении рукописи[4] он нашёл много ошибок. **При** Горбачеве началась перестройка и распался[5] СССР.
時間を示す単語の対格	動詞の不完了体又は接頭辞 по-, про-を持つ完了体	Мы учились в университете **четыре года**. Они проспали **двенадцать часов** подряд[6].
ЗА+対格	(の間に) *動作の結果、主に動詞の完了体*	**За** две минуты студент добежал до аудитории. Даже **за** два месяца он не успел всё сделать до конца
ЗА+造格	（…の時に） *飲食を示す単語、* завтрак, ужин, чай, стол 等	**За завтраком** никто не разговаривал. **За столом** не принято[7] громко разговаривать и размахивать[8] руками.

[1] くしゃみをする [2] カンニングする [3] 咳をする [4] 原稿 [5] 崩壊する [6] 連続的に [7] 決まっている [8] 振り上げる

Вопросы для развития устной речи

1. Когда пришел факс из Москвы?
2. Почему инспектор Сиракаба не смог прочитать этот факс с утра?
3. В связи с каким происшествием полиция Токио была поднята на ноги?
4. К чему призывал население страны глава секты «Дети истины»?
5. Как реагировали японцы на это обращение?
6. Как расценило выступление главы секты правительство Японии?
7. Какие меры были приняты правительством?
8. Какой приказ был отдан полиции?
9. Где находился в это время Ямамото Дзиро?
10. Смог ли Ямамото лично встретиться с главой секты по приезду из Москвы?
11. Как Ямамото воспринял выступление по радио главы секты?
12. Почему Ямамото так спешил попасть в штаб-квартиру до обыска?
13. Удалось ли Ямамото проникнуть в здание штаб-квартиры?

Глава 11

Москва. Среда. 18 августа … года.

Вся среда прошла* в какой-то бесконечной и отчасти* бестолковой* суете*. Отправив накануне(2) во вторник вечером факс в Токио, в среду Сакуровский решил заняться **другими** накопившимися* делами, которые ему полагалось(1) завершить в ближайшее время*. Он **отдавал распоряжения**, много звонил **разным** людям, договаривался о проведении **дополнительных** экспертиз*, **выслушивал** упрёки* со **стороны** начальства и т.д. Ещё ему приходилось(1) отбиваться* и от телефонных звонков **журналистов**. Они почему-то **полагали**, что Сакуровскому просто следует(1) **делиться** с ними информацией. Потом он сам **снова** звонил, чтобы приказать, узнать, напомнить, проверить…

*過ぎた　*幾らか、ある程度
*要領を得ない　*空騒ぎ、気ぜわしさ
*たまる
*近いうちに
*鑑定　*非難
*まぬがれる、のがれる

Он чувствовал себя **рыбаком**, который забрасывает* одновременно* **множество** крючков* в надежде(3), что на один уж точно попадётся* нужная **рыба**. Он старался **предусмотреть** всё и поставить свои удочки*, сети* и ловушки* во всех мыслимых* и немыслимых местах. Особенно немыслимых. Ведь даже самый гениальный* преступник не может **предвидеть** всё.

*投げる
*同時に　*つり針
*かかる
*つりざお　*網
*わな　*あり得る、考え得る
*天才的な

Среди его многочисленных указаний было и распоряжение об эксгумации* **тела** Гаврилова с целью(3) «проведения **дополнительной** медицинской экспертизы на предмет(3) обнаружения **возможных** остатков* каких-либо веществ».

*死体発掘
*残り

Ощущение же бестолковости вызывалось бесплодностью* его **усилий**. Прямо-таки* **полоса невезенья**: заказанные экспертизы не давали **результата**; отданные поручения*, даже и* выполненные, никак не помогали продвинуться **дальше*** в расследовании преступлений; опрошенные* **свидетели** ничего существенного* сообщить не могли. Вот и приказание проверить антикварные магазины и опросить коллекционеров с тем, чтобы попытаться **получить** какую-то **информацию** о пропавшей гравюре, не принесло успеха*.

*無益　*まったく
*依頼　*…さえ
*進展する
*尋問する
*本質的、重要な
*成功をもたらす

Добавило сумятицы* и пришедшее утром сообщение из Токио о терактах* и о призыве к свержению* правительства **лидера** секты «Дети истины». В связи с этим полиция Японии по **каналам** Интерпола* обратилось

*混乱
*テロ事件　*打倒
*国際警察

с просьбой о проведении обыска* в московском филиале* секты для того, чтобы найти документальные* **свидетельства** противоправной* **деятельности**. Эту работу поручили другому следователю, однако всё равно* необходимо(1) будет выяснить, что и как. Ведь **покойный** Гаврилов был связан с ними…

*捜査 *ブランチ、支部
*書類上の、文書の
*違法な
*それでもやはり

За(2) полчаса до(2) конца **рабочего** дня неожиданно позвонила жена:

- Привет, Ваня! Как ты там, жив ещё?
- Да ничего, кручусь помаленьку*!
- Ну, **держись***! Я тебе вот чего* звоню: Гриша в Москве! Звонил только что мне.
- Какой Гриша?
- Забыл что ли? Григорий Адмитин из Хабаровска!
- А-а-а, Гришка! А как он здесь оказался?
- Говорит, что приехал только два часа тому назад(2) и будет в Москве всего* один день. Завтра уезжает на какую-то конференцию в Лондон.
- Слушай, **встретиться** надо(1). Сколько лет не **виделись**!
- Вот я и сказала, чтобы он приходил вечером в гости.
- Ну и **молодец**!
- Только*, Ваня, я сегодня должна(1) чуть **задержаться** на работе. Так что за(3) покупками придётся ехать тебе.
- А на который час вы договорились?
- На семь.
- **Ладно**, что не сделаешь ради(3) дружбы?! Что купить-то?
- Ну, что-нибудь, что **делается** легко. Я думаю рыбы какой-нибудь копчёной или солёной, **сыра** и **колбасы** грамм четыреста на(3) закуску*, а потом просто мясо пожарим* с **картошкой**. Быстро и вкусно. Я ещё какой-нибудь **овощной салат** с **огурцами** и **помидорами** сделаю. Есть **кислая капуста** с **луком**. И борщ вчерашний с **курицей** остался, если кто захочет. Ты как?
- Идёт*. Значит колбаса, рыба, сыр, мясо, **зелень**, **овощи**. Что-нибудь ещё надо из **продуктов**?
- Да, ещё **масло** и молоко. И **хлеба** не забудь купить, у нас совсем кончился. **Соль** и **сахар** вроде есть… Да, про выпить не забудь.
- Само собой*. За тобой потом заехать?
- Не надо, Вань! Поезжай сразу домой. Я точно не могу сказать, когда **освобожусь***. До(2) семи я точно* не успею. Если вдруг опоздаем и заставим Гришу под

*ぼちぼち働く
*頑張って *=почему
*たった、わずか
*＝однако(口)
*前菜
*焼く
*賛成(口)
*当たり前(само собой разумеется)
*(仕事等)を終える *絶対に
*閉められた扉の前に待つ *

дверью стоять*, будет неудобно*. 気がひける、申し訳ない

- Понял. Постарайся не очень опаздывать.
- Постараюсь. **Целую**.

Закончив разговор, Сакуровский поглядел на часы: «Так, без пятнадцати шесть. Надо торопиться, а то к семи не успею».

Сакуровские жили на окраине города возле станции метро «Тушинская». Однако в этой удалённости* от центра были и свои преимущества*. Их район был **тихий** и зелёный, а на метро всего 25 минут до Красной площади. Конечно, можно было бы и поближе жить, но выбирать не приходилось*(1)*: для*(3)* покупки другого жилья у них просто не было денег.

*遠距離
*利点、メリット

«Так, - рассчитывал время Сакуровский, - на всё про всё* у меня остаётся полчаса не считая дороги. Мясо, колбасу, рыбу и сыр лучше купить в **гастрономе** рядом с работой. Тут хотя и дороже, но **зато** выбор* больше. Заодно* надо и хлеб здесь купить, чтобы потом специально в булочную не забегать. Овощи и зелень лучше на **рынке**, там всё **свежее**. Небольшой **базар** есть близко от метро, там, у нас. Хорошо… остались только **напитки**. Гриша, насколько я помню*, предпочитает красное вино. Как раз в соседний магазин недавно завезли* хорошие вина из Грузии. Значит, вино куплю там, а детям - **сок** и колу. Вперёд!»

*全部で、全部ひっくるめて
*種類
*ついでに(口)
*記憶する限りでは
*入荷する

С этими мыслями Сакуровский уже выбегал из кабинета с намерением*(3)* поскорее выполнить всё порученное, когда уже в дверях* его настиг* ещё один телефонный звонок. Сакуровскому пришлось*(1)* вернуться:

*出かけたところに *止める、ひき止める

- Слушаю!
- Алло, старший следователь Сакуровский?
- Да.
- С вами говорит **капитан** милиции Пантелеймон Голицын. Мне поручили провести обыск и изъятие* документов в московском отделении секты «Дети истины».
- И что?
- Похоже*, мы нашли здесь японскую гравюру, пропавшую из музея. Я узнал её по описанию* в ориентировке*, разосланной от вашего имени…

*没収
*…らしい
*記述、描写
*手配書

«Прощай ужин, прощай Гриша. Видно*, не **судьба** в этот раз повидаться», - подумал про себя* Сакуровский. Но вслух* произнёс только одно:

- Сейчас выезжаю к вам, капитан.

*…らしい
*心の中で
*声に出して

Слова для запоминания

1.	**другой**	①他の、別の、もう一方の ②次の ③他方、もう一方の人
2.	**отдавать - отдать**	返す、渡す
3.	**распоряжение**	指令
4.	**разный**	異なる、別々の、色々な
5.	**выслушивать - выслушать**	①十分に聴く ②(不完のみ)聴診する
6.	**сторона**	方向；側、わき；面
7.	**журналист**	ジャーナリスト、記者
8.	**полагать**	思う
9.	**делиться -поделиться**	分ける
10.	**снова**	また、再び、新たに
11.	**рыбак**	漁師
12.	**множество**	沢山
13.	**рыба**	魚
14.	**предусматривать - предусмотреть**	見込む、見越す、想定する
15.	**предвидеть**	予見する、予測する
16.	**тело**	体、物体
17.	**дополнительный**	追加の
18.	**возможный**	可能な
19.	**ощущение・ощущать - ощутить**	①感じること ②感覚 ③感じ、印象・感じる、覚える
20.	**усилие**	努力、骨折り、力の集中
21.	**полоса**	帯状のもの、細長い片、ストライプ、筋
22.	**невезение(везение)・везти - повезти**	不運続き（好運）・うまくいく、運がいい
23.	**результат**	結果、成果
24.	**далёкий, дальше**	遠い
25.	**свидетель**	目撃者、証人
26.	**получать - получить**	受け取る、もらう
27.	**информация**	情報
28.	**добавлять - добавить**	加える、付け足す
29.	**лидер・лидировать**	幹部、先頭を行く人・首位に立つ、リードする
30.	**канал**	①河、水路 ②ルート ③チャネルパイプ
31.	**свидетельство**	証明、証拠
32.	**деятельность・деятель**	活動、事業、仕事、職業・活動家
33.	**покойный・покойник**	死んだ、亡くなった・死者
34.	**рабочий**	①労働者 ②労働の、作業の
35.	**держаться**	①つかまっている ②のっとる ③支えられる ④（ある状態・姿勢を）保つ、頑張る

36.	**встречаться - встретиться・встреча**	出会う・出会い
37.	**видеться**	①出会う ②見える ③目に浮かぶ
38.	**молодец**	えらい
39.	**задерживаться - задержаться・задержка**	①遅れる ②引き止める・①遅滞、停滞 ②引き止め
40.	**ладно**	よろしい、承知した、よし
41.	**делаться - сделаться**	①…になる ②行われる、生じる、起こる
42.	**сыр**	チーズ
43.	**колбаса**	ソーセージ、サラミ
44.	**картошка**	じゃがいも
45.	**овощи, овощной**	野菜
46.	**салат**	サラダ
47.	**огурец**	キュウリ
48.	**помидор**	トマト
49.	**кислый**	酸っぱい
50.	**капуста**	キャベツ
51.	**лук**	ネギ
52.	**курица**	鶏
53.	**зелень**	ハーブ、葉っぱ
54.	**продукты** (複)	食料品
55.	**масло**	バター
56.	**хлеб**	パン
57.	**соль**	塩
58.	**сахар**	砂糖
59.	**освобождаться - освободиться**	開放される、自由になる、暇になる
60.	**целовать - поцеловать・поцелуй**	キスする・キス
61.	**тихий**	静かな、穏やかな
62.	**гастроном**	食料品店
63.	**зато**	その代わり、それに対して
64.	**рынок**	市場
65.	**свежий**	①新鮮な、生の ②最新の
66.	**базар**	市場
67.	**напиток**	飲み物
68.	**сок**	ジュース
69.	**капитан**	①大尉 ②艦長、船長
70.	**судьба**	運命

(1) ДОЛЖЕНСТВОВАНИЕ 必然性、当為、義務

表現・手段	表現内容	例文
ДОЛЖЕН, ДОЛЖНА	(意識して、義務を負う)	Я **должна** учить русский язык. Сколько я вам **должен**?
НАДО, НУЖНО	(必要である)	Мне **надо** это делать, чтобы научиться понимать по-русски. Он не любил слово «**надо**», ему больше нравилось «хочу».
НЕОБХОДИМО	(不可欠である)	Мне **необходимо** читать по-русски, так как я хочу узнать много нового. Вряд ли это **необходимо**.
ПРИХОДИТЬСЯ	(…せざるを得ない)	Мне **приходится** учить и другие языки, но русский – мой самый любимый. Каждый раз мне **приходится** спорить[1] с вами!
ПОЛАГАТЬСЯ **ПОЛОЖЕНО**	(何かの決まり、規則で)	Нам **полагается** ходить на занятия каждую неделю по четвергам. Мне **положено** получить с вас по счёту за ремонт разбитой[2] машины.
СЛЕДОВАТЬ	(何かの決まり、規則にしたがって)	Нам **следует** хорошо учиться. Не **следует** так горячиться[3], поговорим спокойно.

[1]論争する　[2]壊した　[3]激する

(2) ПРЕДШЕСТВОВАНИЕ 先行性

表現・手段	表現内容	例文
ДО+生格	(前に)	**До** экзамена студенты ничего не делали. Он ждал её **до самой** последней минуты. *(**до+самой**+動詞の不完了体:ある時点までずっと続いている動作)*
対格+**(ТОМУ) НАЗАД**	(…以前に)	Неделю **назад** они впервые открыли учебники. Два дня **назад** они случайно познакомились на улице.
ЗА+対格 **ДО**+生格	(…だけ前に)	**За** день **до** экзамена студенты не спали целую ночь. **За** час **до** первого свидания он не находил себе места.
ПЕРЕД+造格	(…直前に)	**Перед** экзаменом студенты тряслись от страха. **Перед самым** свиданием он всё время смотрел на часы.
НАКАНУНЕ+生格	(前日、直前)	А преподаватель **накануне** экзамена спокойно поужинал и лёг спать **Накануне** она пыталась вспомнить, как его зовут.

(3) ЦЕЛЬ 目的

表現・手段	表現内容	例文
運動動詞+動詞の不定形	（するために） *運動動詞(об-, до-接頭がある動詞を除き)以外に、空間移動を示し、又は移動を促す動作を示す動詞*(сесть, встать, дать,брать, приглашать, звать 等)	Она **приехала** в Токио ***учиться***. Мы **пойдём** на концерт ***слушать*** известного рок-гитариста.
ДЛЯ+生格	（ために） *主に具体的な動作を示す名詞の前に*	Она переехала[1] сюда **для** поступления в университет. Мы всё делаем **для** собственного удовольствия.
ЗА+造格	（…を求めて、…を迎えに） *行く、待つ、迎えにやる等、主に人・物を示す名詞の前*	Она приехала сюда **за** знаниями. Мы будем стоять в очереди **за** вкусными пельменями[2].
НА+対格	（の目的で、…用に） *何かを得るために、使うためにする、主に動作を示す名詞の前に*	Она тратила **на** учёбу всё своё время. Мы тратим **на** компакт-диски все свои карманные деньги.
РАДИ+生格	（の目的で、のために） *誰かを助け、何かを得るために何かを犠牲にする* ДЛЯ *とほぼ同じ*	Она старалась **ради** себя и родителей. **Ради** денег они готовы на всё.
С ЦЕЛЬЮ, В ЦЕЛЯХ + 動詞	（…の目的で）	Она приехала сюда **с целью** закончить университет как можно[3] лучше. Мы поедем куда угодно[4] **с целью** хорошо заработать.[5]
С НАМЕРЕНИЕМ + 動詞	（…の意図で、…を意図して）	Она усердно[6] учила русский язык **с намерением** получить после окончания хорошую работу. Мы взяли на прокат машину **с намерением** хорошо развлечься.
С НАДЕЖДОЙ, В НАДЕЖДЕ (, ЧТО...) + 動詞	（…を望んで、…期待して）	Она делала это **в надежде**, что всё у неё получится. Мы играли на скачках[7] **в надежде** выиграть много денег.
ВО ИМЯ+生格	（…のために） *プラスの意味だけ、文語*	**Во имя** Отца, Сына и Святого Духа – аминь! Объясни, **во имя** чего ты всё это затеял[8]!

[1]引っ越しする [2]ロシアのギョーザ [3]できるだけ [4]好きな所へ [5]稼ぐ [6]熱心に [7]競馬 [8](口)始める

Вопросы для развития устной речи

1. Какими делами занимался Сакуровский всю среду?
2. Принесли ли успех его приказания, распоряжения и поручения?
3. Что ощущал в этой суете Сакуровский?
4. Какое сообщение пришло из Токио?
5. С какой просьбой МВД Японии обратилось к России?
6. Кому поручили проведение обыска в московском филиале секты?
7. Когда Сакуровскому позвонила жена?
8. По какому делу она звонила ?
9. Какие продукты она поручила ему купить?
10. В каком районе жили Сакуровские?
11. Где собирается покупать продукты Сакуровский?
12. Почему Сакуровскому пришлось вернуться в свой кабинет?
13. Удастся ли Сакуровскому поужинать с другом из Хабаровска?

Глава 12

Токио. Четверг. 19 августа ... года.

Только сегодня инспектору Сиракаба **удалось добраться** до своего рабочего места. Весь день вчера он, как и большинство сотрудников токийской полиции, был занят только одним – скорейшей поимкой террористов. Был приказ – «**Бросить** на поимку преступников столько **сил***, сколько **потребуется**». Поэтому всю среду до поздней ночи Сиракаба, как и тысячи других полицейских, не знал ни **минуты** покоя. *…に部隊を投入する

Проехать через **вечные** токийские пробки, в которых **автомобили** еле-еле*(3)* едут со **скоростью** черепахи, всегда было проблемой. Как на зло*, вчера утром машин было так много, что даже несмотря на вой сирены полицейская машина едва-едва*(3)* **двигалась** вперёд. Как будто специально*(2)* **именно** в это утро все водители Токио решили тронуться в путь*, причём ехали нарочно*(2)* медленно*(3)*. Казалось, что **движение** почти остановилось. *わざとのように *出発する

Когда **наконец** через полчаса они **добрались** до места, Сиракаба сделал так, чтобы всё здание оказалось под контролем. Вскоре приехало начальство и взяло на себя* руководство **операцией**. Но в тот день Сиракаба так и* не попал домой. Операция длилась до **глубокой** ночи. Работы было столько, что не продохнуть*. Но если главу секты удалось арестовать, то непосредственные* исполнители* исчезли в лабиринте* **узких** токийских улочек, словно **сквозь землю** провалились*. Чем больше времени проходило, тем сложнее становился поиск. Когда в 4 часа утра, едва*(3)* переставляя* от **усталости** ноги, Сиракаба медленно*(3)* поднялся на второй этаж **ближайшего полицейского участка**, он так устал, что просто рухнул* на пол и **вскоре** заснул точно убитый. *引き受ける *結局 *息つくひまもない *直接の *実行者*迷路 *跡かたもなく消える *動かす *倒れる

Придя же на следующий день к себе* в **управление**, Сиракаба обнаружил на столе два факса из Москвы, отправленные Сакуровским. В первом из них излагалась* полученная следствием информация, а второй был очень **короток**: «В московском офисе секты «Дети истины» была случайно*(2)* обнаружена гравюра, пропавшая из музея. Предполагаю, что вылетевший в понедельник в Токио представитель секты в Москве Дзиро Ямамото имел отношение к её похищению. Прошу немедленно*(3)* **принять меры** для его задержания» *. *自分のところ *述べられる *拘留

Сиракаба **схватил пиджак** и, пытаясь надеть его на ходу*, мигом(3) сбежал по лестнице, нечаянно(2) толкнув* **по дороге** кого-то из сослуживцев. Извинившись, он тут же выскочил на улицу и **бросился** к **машине**. «Надо срочно(3) добраться до сейфа этого Ямамото. Как бы чего случаем(2) не вышло*», - думал он **на бегу**. Спустя* час он снова оказался в здании **штаб**-квартиры «Детей истины», которое покинул* только **недавно**. Его провели* в офис, где находился личный сейф Ямамото, который к тому времени уже успели открыть. Осмотр его **содержимого** подтвердил* подозрения московских коллег: среди бумаг он обнаружил похищенную в Токио гравюру и копию московской.

*走行中に　*押しのける
起こる=через
*離れる、立ち去る　*案内する
*裏づける

«Да, это дело настолько **сложное**, что сразу его не разгадаешь*, - думал Сиракаба. – Кто бы мог подумать, что такая, казалось бы*, простая кража **окажется** настоящей головоломкой*. Значит, и в Москве, и в Токио действовал один человек. И, судя по всему*, этот человек именно Ямамото. Ну зачем ему нужны эти гравюры? **Связано** ли это со вчерашним террористическим актом?»

*解ける、解決する
*…のように見えたが
*パズル、難問
*あらゆる点から見て

Ещё **большую** загадочность происшествию **придавала** обнаруженная в том же сейфе пожелтевшая* страница, вырванная*, **скорее всего**, из какой-то **тетради**. На ней была написано что-то **непонятное**, т.е. есть какая-то смесь* иероглифов и вроде как русских **букв**. Понять что-то было невозможно. «Может быть, профессор Кавагоэ **выручит**?» - мелькнула* **спасительная** мысль.

*黄色くなった
*破り取る
*ごたまぜ
*チラッと浮かんだ、ひらめく

Через два часа Сиракаба уже сидел у профессора. Перед ним на столе лежал листок, на котором было написано:

«…私ふ日本 и うぜ一週間。のとりこ昨日 а 我々なこねつ見つけ ли 信頼 ый 銀行、ことりい賛成 лся 受 ть 貨物な保存 е.らぢ秘密 и 番号口座 а 暗号化 ли な二 х 版画 ах. 一 у 受 ил 大佐、一 а 残 лась う私 я.もぜとびち方法ね信頼 ый、の別 го 方法う我々ねつ。…»

Профессор Кавагоэ **некоторое** время **рассматривал** эту **непонятную** запись, а потом **удовлетворённо** хмыкнул*.

*ふむと言う

\- Всё ясно, это русский язык, записанный с использованием иероглифов и знаков хирагана. Если не знать **обоих** языков, то понять ничего невозможно(1), но шифр, в **принципе**, не сложный. А ну*, расскажи-ка мне подробнее, что тебе стало известно за эти дни.

*じゃ、…

Когда Сиракаба закончил свой рассказ, в которой он включил и информацию, полученную из Москвы, профессор переспросил:

- Так как ты говоришь **звали** убитого старика? Гаврилов? А фамилия японца, из дома которого была похищена гравюра, Тода? Тогда мне, кажется, **понятно**, о чём может **идти речь**. Удивительное совпадение, ведь когда я был в плену в России, у нас в лагере был переводчик по имени Гаврилов. Мы с ним подружились, и он **однажды** ненароком*(2)* рассказал мне о своей **тайной** миссии* в Японии. Дело в том, что отступающие белые **войска** сумели вывезти **малую**, но всё-таки **достаточно** значительную **часть** царской золотой казны*. Но когда стало ясно, что **поражения избежать** нельзя*(1)*, стал вопрос* о передаче золота на **хранение** куда-нибудь в **надёжное** место. В **качестве** такого места была выбрана Япония, точнее один из банков. Золото было доставлено на одном из **военных кораблей**. Думаю, что именно об этом идёт речь в принесённом тобой отрывке*. Гаврилов в подробности не вдавался*, но говорил, что помогал ему разместить* **ценности** полковник японской **армии** Тода.

*ミッション、任務
*国庫金、国有財産
*問題になる
*断片
*詳細にわたる
*収容する

- Постойте, профессор, может быть **тот самый** Тода, у которого украли гравюру, и является **внуком** этого полковника?!
- Вполне* возможно, я бы на твоём месте* проверил эту версию*. Ничего исключить нельзя*(1)*.
- Но какое отношение имеет к этому сама гравюра? Очень странно, ведь преступники умышленно*(2)* забрали только ту, которая была похищена и в Москве.

*十分に*私はあなただったら
*説

В ответ профессор лишь развёл руками*:
- Подобные **загадки** - это по твоей части*. Мне ничего не приходит на ум*.

*両手を広げる(当惑)
*得意とするところである
*思い浮かぶ

Слова для запоминания

1.	**удаваться - удаться ・ удача**	①成功する ②…することが出来る（無人称文）・成功、幸運
2.	**добираться - добраться**	①やっとたどりつく ②つきとめる ③思うままにする機会を得る
3.	**бросать - бросить**	①投げる ②捨てる ③やめる
4.	**сила**	力、体力、勢力
5.	**требоваться - потребоваться**	必要である、…が要る
6.	**минута**	分、ちょっとの間
7.	**вечный**	永遠の
8.	**автомобиль**	自動車
9.	**скорость**	速さ、スピード
10.	**двигаться ・ движение ・ двигатель**	動く、運動する・動き、運動・エンジン
11.	**именно**	まさに、...こそ；すなわち
12.	**наконец**	ついに、やっと
13.	**операция**	①手術 ②作戦
14.	**глубокий ・ глубина**	①深い ②遅い（夜）・深さ、深度
15.	**узкий**	狭い
16.	**сквозь**+対	...を通して・貫いて、...の間から
17.	**земля**	地球、地面、土地、農地、大地
18.	**сложный**	複雑な、難しい、合成の
19.	**усталость ・ уставать - устать**	疲れ・疲れる
20.	**ближайший**	最寄の、最も近い
21.	**участок ・ полицейский участок**	区画；地域；部門・交番
22.	**вскоре**	やがて、まもなく
23.	**управление**	①操作・運転・制御・管理 ②管理局・本部
24.	**короткий**	短い、近い、短すぎる
25.	**принять меры**	措置を取る、対策を講ずる
26.	**хватать - схватить** (完)	①つかむ、取る②つかまえる
27.	**пиджак**	背広
28.	**ход ・ на ходу**	進行、移行；経過、進展・走行中に
29.	**по дороге**	①途中で ②方向が同じ
30.	**бросаться - броситься**	①飛び出す、飛び掛る ②飛び降りる、飛び込む
31.	**машина**	①車 ②機械
32.	**бег ・ на бегу**	駆け足、走ること・走りながら、走行中に
33.	**штаб**	司令部・本部
34.	**недавно**	最近、近頃
35.	**содержимое ・ содержать**+対格	①中身・①養う、維持する、保つ ②含む

36.	**оказываться - оказаться**	(+造・что)分かる ・(気がついたら) 現れる、来ている、 (実際には) ある、 …である
37.	**связывать - связать**	①結ぶ、結びつける ②関係付ける、結びつける
38.	**большой**	大きい
39.	**скорее всего**	…の公算が大きい、きっと…だ
40.	**тетрадь**	ノート、帳面
41.	**понятный**	①分かりやすい ②あたりまえの
42.	**буква**	字母、文字
43.	**выручать - выручить**	救い出す
44.	**спасительный ・ спасать - спасти ・ спасение**	救いをもたらす・助ける、救う・救助、救出
45.	**некоторый**	ある、ある種の
46.	**рассматривать - рассмотреть**	よく見る、調べる、検討する
47.	**удовлетворение ・ удовлетворённый**	①満たすこと ②満足・満足そうな
48.	**оба, обе**	両...、両方とも、二人とも
49.	**принцип ・ в принципе**	原則、原理・原則として、おおむね、だいたいにおいて
50.	**звать - позвать**	呼ぶ、呼びかける、招く
51.	**понятный(непонятный)**	理解できる、明らかな、分かりやすい(不可解な)
52.	**речь идёт**	話をする
53.	**однажды**	①一度 ②かつて、ある時
54.	**тайна ・ тайный**	秘密、神秘・秘密の、内密の
55.	**войска**	軍隊、部隊
56.	**малый**	小さい、年少の
57.	**достаточно**	十分だ;十分に、かなり
58.	**часть**	①部分 ②…分の一 ③部隊、課
59.	**поражение**	失敗
60.	**избегать - избежать ・ неизбежный**	避ける・避けられない
61.	**хранить - сохранить ・ хранение**	保つ、保存する・保存、保管
62.	**надёжный**	信頼できる
63.	**качество ・ в качестве**	質、性質;品質
64.	**военный**	戦争の、軍事の、軍人
65.	**корабль**	艦船
66.	**ценный ・ ценность ・ цена**	①価格を持った ②高価な ③貴重な、重要な・価値・価格、値段
67.	**армия**	軍、陸軍
68.	**тот самый**	…と同じ、同一の
69.	**внук**	孫
70.	**загадка ・ загадочный**	謎・謎めいた

(1) НЕВОЗМОЖНОСТЬ И ЗАПРЕТ 不可能、禁止

表現・手段		表現内容	例文
НЕЛЬЗЯ **НЕВОЗМОЖНО**	+ 主に完了体/定向動詞	(できない) *不可能*	**Нельзя** сделать то, чего сделать **нельзя**. **Нельзя** переплыть реку, не умея плавать.
			Невозможно не согласиться с вами. Послушайте, это просто **невозможно** есть.
НЕЛЬЗЯ **ЗАПРЕЩЕНО**	+ 主に不完了体/不定向動詞の不定形	(してはいけない) *禁止*	В этом месте купаться **нельзя**. Внимание! Распивать спиртные напитки[1] здесь **нельзя**.
			Здесь курить **запрещено**. Купание в этом месте **запрещено**.

[1] アルコール飲料

(2) СПЕЦИАЛЬНО И СЛУЧАЙНО 意図、偶然

表現・手段	表現内容	例文
СПЕЦИАЛЬНО	(特別に)	Они **специально** пришли сюда, чтобы убить вас. Он **специально** надел свой самый лучший костюм.
НАРОЧНО	(故意に)	Они **нарочно** оставили дверь открытой. Он **нарочно** немного задержался.
УМЫШЛЕННО	(故意に)	Они **умышленно** не сказали вам об опасности. Она **умышленно** говорила слишком громко.
СЛУЧАЙНО (СЛУЧАЕМ)・НЕЧАЯННО	(偶然)	Лишь **случайно** мы это заметили и предупредили вас. Он якобы[1] **нечаянно** взглянул на неё.
НЕНАРОКОМ	(何気なく)	Преступники **ненароком** оставили следы. Он якобы **ненароком** прикоснулся к её руке.
НЕУМЫШЛЕННО	(思いがけず)	Все гадости[2] были сделаны **неумышленно**. Она вроде бы[1] **неумышленно** уронила платок.
НЕВЗНАЧАЙ	(不意に)	Он споткнулся[3] и **невзначай** толкнул впереди стоящего. Они будто бы[1] **невзначай** оказались в одном вагоне метро.

[1] あたかも…のように [2] 汚いこと [3] つまずく

(3) ОБРАЗ ДЕЙСТВИЯ: БЫСТРО И МЕДЛЕННО 行為の様態：速さと遅さ

表現・手段	表現内容	例文
БЫСТРО	（速く、すばやく）	Ей надо **быстро** найти этого человека. В вашем случае **быстро** ничего не делается.
СРОЧНО	（とり急ぎ、緊急に）	Ей **срочно** нужен этот человек. Как **срочно** вам это нужно?
НЕМЕДЛЕННО	（ただちに、至急）	Ей **немедленно** доставили требуемое. **Немедленно** отвечайте, как эта вещь попала к вам?!
СПЕШНО	（急いで、あたふたと）	Ей **спешно** всё приготовили. Спугнутые полицейским, они **спешно** бежали, оставив всё награбленное.
МИГОМ	（またたく間に、一瞬のうちに）	Ей **мигом** принесли, что она хотела. Постойте здесь, я **мигом**!
МЕДЛЕННО	（ゆっくりと、のろのろと）	Он **медленно** подымался по лестнице. Она **медленно** подняла руку и взяла бокал с вином.
ЕЛЕ(-ЕЛЕ)	（やっとのことで）	Он **еле** переставлял ноги. По утрам дети как всегда **еле-еле** ели.
ЕДВА(-ЕДВА)	（かろうじて）	Он **едва-едва** передвигался. Путешественник **едва** добрался до цели.

Вопросы для развития устной речи

1. Чем был занят Сиракаба весь вчерашний день?
2. Как Сиракаба добирался до штаб-квартиры секты?
3. Что сделал Сиракаба, когда прибыл на место?
4. Как долго длилась операция?
5. Кого удалось арестовать?
6. Где спал Сиракаба прошлую ночь?
7. Какая информация содержалсь в присланных Сакуровским двух факсах?
8. Куда бросился Сиракаба после того, как прочитал факс из Москвы?
9. Потдвердил ли подозрения московских коллег осмотр личного сейфа Ямамото?
10. Что было обнаружено в сейфе Ямамото?
11. Кто может выручить Сиракаба?
12. О каком совпадении рассказал профессор инспектору?
13. С какой тайной миссией приезжал в Японию Гаврилов?
14. Имеют ли отношение к миссии Гаврилова похищенные гравюры?

Глава 13

Москва. Четверг. 19 августа.... года.

Через(2) четыре дня после их первой встречи, **то есть** в четверг, в 10 утра Иван Сакуровский снова сидел на **диване** в кабинете хранителя **коллекции** искусства стран Дальнего Востока Сергея Васильевича Толстого. На **коленях** у него лежал полученный сегодня из Токио **конверт** с фотографиями и **папка** с гравюрой, найденной вчера в **офисе** «Детей истины».

- Сергей Васильевич, посмотрите **сначала** это, - Сакуровский протянул хранителю папку. **Дрожащими** от волнения руками хранитель начал **развязывать** тесёмки*. *結びひも
- Да не волнуйтесь вы так, Сергей Васильевич! Сами же говорили, что ценности в этой гравюре нет.
- Не могу не(3) волноваться, молодой человек! Искусство есть искусство, и **красота** от цены не **зависит**!

Наконец хранитель **справился** с волнением и **открыл** папку:

- Она, ну конечно, она! И как вам только удалось так быстро найти её!
- **Хотел** бы сказать, что в силу наших **умелых** действий, да не могу – случайность! Вы **убеждены**, что это именно та гравюра?
- Конечно! Нет никаких сомнений! Большое спасибо! Но где же вы её нашли?
- Если у вас есть время, Сергей Васильевич, я хотел бы рассказать всё подробно. Может, вы нам что-то **подскажете**.
- С удовольствием. Раз вы пришли, **давайте** всё рассказывайте. Торопиться мне **сейчас абсолютно** некуда.
- Спасибо. Эта история **длинная** и довольно **запутанная**, так что **неясного** в ней **хоть** отбавляй*. *有り余る、捨てるほどある

Сакуровский принялся рассказывать обо всём, что ему стало известно за это время, **в том числе** и про токийскую кражу. Когда он закончил, хранитель ещё некоторое время пребывал* в задумчивости*. Наконец он заговорил: *ある状態・場所にいる *物思い

- Так-так... Выходит(1), что в Токио была точно такая же или **похожая** гравюра?

Сакуровский молча **кивнул**.

- И её украли в тот же день что и нашу? Значит(1),

кто-то заранее знал о существовании этих двух гравюр. И этот кто-то, по вашему **мнению**, японец Дзиро Ямамото?

Сакуровский опять утвердительно* **качнул головой**.

*肯定的に

- Остаётся непонятным, зачем это ему понадобилось. Ясно только, что сами гравюры для него ценности не представляли, оттого он, уезжая из России, взял **с собой** только копию. Из этого следует(1), что для **достижения** его целей, пока нам неизвестных, достаточно только копии.

- Выходит, что(1) так, но весь вопрос в том*, какие это цели. Нельзя не(3) предположить, что они достаточно **серьёзны**, раз вслед за(2) кражей преступники пошли на* **убийство** Гаврилова.

*問題は…

*…の挙に出る

- Как?! Гаврилова **убили**?! Он разве не умер от инфаркта*?

*梗塞

- Умер-то умер, но ему, похоже, помогли. В результате экспертизы в теле Гаврилова были обнаружены остатки наркотика. Похоже, у него что-то пытались выведать*, парализовав* **наркотиком волю**. Вот, видно, сердце старика и не **выдержало**…

聞き出す 無力化する

- Вот оно что*… Получается, что(1) гравюра не только действительно принадлежала Гаврилову, но он знал и о её тайне.

*あそうですか

- Выходит, что(1) так, Сергей Васильевич.
- А у вас случайно нет копии токийской гравюры?
- Я специально принёс ее вам, чтобы показать.
- Так что ж вы до сих пор молчали?! Показывайте скорей!

Сакуровский протянул хранителю конверт. Тот вытащил находившуюся внутри фотографию и положил её на стол рядом с московским оригиналом.

- Удивительно, **абсолютно** симметричная* композиция.* Если бы не своими глазами видел, то не **поверил** бы – это не просто копия, а **зеркальная** копия. Смотрите - у одного актёра голова **повёрнута** налево, а у второй **изображён** смотрящим вправо. Всё абсолютно **одинаковое**, только узор* **одежды** различный…

*左右対称の
*構図
*模様

- Есть ещё различие, Сергей Васильевич. Посмотрите сюда, на московской гравюре в самом углу есть **изображение** какой-то **горы**…
- Да, это скорее всего Фудзисан, или, как её у нас **неправильно** привыкли **называть**, Фудзияма. Только цвет у неё **необычный** – золотой.
- Но в том же углу, на японской гравюре вместо горы какое-то цветущее* **дерево**.

*開花する、花を咲かせた

\- Да-да. Это **наверняка** сакура. Вы **очень** наблюдательны*.

*観察眼の鋭い

\- Это профессиональное. Сергей Васильевич, а у вас не вызывает сомнения, что вторая гравюра - это тоже Рокан?

\- Конечно, по копии судить сложно, но печать* **мастера одна и та же**. Московскую ли взять, токийскую ли, - **рука** вроде одна. Вообще парные гравюры – **явление** не редкое, но когда они **абсолютно одинаковы**, то это несколько странно. Вот смотрите…

*印鑑

Хранитель взял присланную из Токио фотографию, перевернул* её **обратной** стороной и наложил* на московский оригинал. Затем*(2)* **повернулся** к окну и начал рассматривать их **на свет**. *

*裏返す *上に置く、重ねる

*光に透かして

\- **Подойдите** сюда, пожалуйста, - подозвал он Сакуровского. – Вот видите, **полное** соответствие*. Контуры* лица и фигуры **полностью** совпадают, цветущая сакура точно накладывается на гору, даже… - хранитель внезапно **прервал** свои объяснения.

*一致

*輪郭

\- И что из этого следует*(1)*, Сергей Васильевич?

\- Из этого вытекает, что*(1)*…Постойте, постойте. Это невероятно! Смотрите! – палец хранителя указывал на казавшееся хаотичным* переплетение* **линий**, **образовавшееся** при наложении **друг на друга** узоров **одежды** актёров. – Смотрите же!

*無秩序な *もつれ、からみ合い

Сакуровский **решительно** ничего не видел.

\- Тут же цифры! Ах да, **простите**, я совсем забыл, что вы не знаете иероглифов! Ну это точно цифры! Вот семёрка, тройка, затем четвёрка, потом*(2)* пятёрка, двойка, после*(2)* этого восьмёрка, девятка, единица и шестёрка.

\- 734528916… И что же это такое?

В ответ хранитель только недоумённо* пожал **плечами***.

*当惑したように *肩をすくめる

\- Похоже - спустя*(2)* некоторое время произнёс Толстой, - именно этот номер и **интересовал** похитителей. Для его прочтения не обязательно иметь подлинник* обеих гравюр. Достачно копий. Поэтому преступник и не стал **рисковать**, вследствие чего оригинал остался здесь, в России…

*本物、実物

\- Вы больше ничего странного не **заметили**? – спросил Сакуровский.

\- Да нет, только эта полная зеркальная* схожесть* гравюр, да еще белая сакура, которая, если сложить две гравюры **вместе**, накладывается на непривычно* золотую гору Фудзи. Белая сакура и золотая гора… Может быть и в этом есть какой-то тайный **смысл**…

*鏡に映った影のような*類似

*異様に

Слова для запоминания

1.	**то есть**	①すなわち、つまり ②それはいったい
2.	**диван**	ソファー
3.	**коллекция**	コレクション
4.	**колено - колени**	膝
5.	**конверт**	封筒
6.	**папка**	ファイル、書類ばさみ
7.	**офис**	オフィス
8.	**сначала**	①最初に、まず ②またはじめから
9.	**дрожать - задрожать**	震える
10.	**развязывать - развязать**	解く、ほどく、（ひも等）をゆるめる
11.	**красота・красивый**	美・美しい
12.	**зависеть**	①…に従属する、…に依存する ②…次第である、…によって左右される
13.	**справляться - справиться**	①処理する、切り回す ②打ち勝つ ③乗り切る、脱する
14.	**открывать - открыть**	①開ける、開く ②発見する
15.	**хотеть-захотеть**	欲しくなる、したくなる
16.	**умелый**	巧みな
17.	**убеждать - убедить**	①信じさせる、納得させる ②…するように説得する
18.	**подсказывать - подсказать**	①（そっと）教える、示す ②暗示する、ヒントを与える
19.	**давай (давайте)**	①...してあげましょう、...させてください ②さあ、...しよう
20.	**сейчас**	今、現在
21.	**абсолютный**	絶対的な、完全な
22.	**длинный・длина**	長い（時間）・長さ
23.	**запутать・запутанный**	①もつれる ②混乱させる ③迷わせる・複雑な、分かりにくい
24.	**ясный (неясный)**	①明るい ②晴れた ③はっきり見える ④明快な
25.	**хоть**	①けれども ②せめて
26.	**в том числе**	その中に、…も含めて
27.	**похожий**	…に似ている
28.	**кивать - кивнуть**	黙って、ものも言わずに
29.	**мнение**	意見、見解
30.	**качать - качнуть**	①振り動かす、振る ②うなずく
31.	**голова**	頭
32.	**с собой**	自分と一緒に、身に付けて、持ち合わせて
33.	**достижение・достигать - достичь (достигнуть)**	①到達、達成 ②成果、業績・①到達する ②達する、達成する
34.	**серьёзный**	まじめな、真剣な
35.	**убить・убитый・убийство**	殺す・殺された人・殺人
36.	**наркотик**	麻薬

37.	**воля**	①意思 ②自由、自由な状態
38.	**выдерживать - выдержать・выдержка**	①支え持つ ②耐えぬく ③こらえる・忍耐、我慢
39.	**верить - поверить・вера**	①信頼・信用する ②信ずる、確信・信仰する・信仰
40.	**зеркало・зеркальный**	鏡・鏡の、鏡のような
41.	**поворачивать - повернуть・поворот**	向き、方向を変える、回す・①回すこと、回転 ②カーブ、曲がり
42.	**изображать -изобразить・изображение**	描出する、表現する・①描写、表現 ②像、姿
43.	**одинаковый**	一様の、同様の
44.	**одежда**	衣服、衣類
45.	**правильно・неправильно**	①正しく；性格に ②その通りだ；正しい
46.	**называть - назвать**	①名づける ②名前を言う
47.	**обычный・необычный**	通常の、普通の・通常と違った、異例の
48.	**дерево**	木
49.	**наверняка**	疑いなく、確実に
50.	**мастер**	①職長 ②職人 ③名人
51.	**один и тот же**	同一の
52.	**рука**	手
53.	**явление**	現象、できごと
54.	**обратный**	①戻りの、後戻りの ②裏側の ③反対の
55.	**поворачиваться- повернуться**	向きを変える、転向する、転じる；回る
56.	**свет**	①光 ②世界、世間
57.	**подходить - подойти**	①近づく ②…まで行く ③適する、似合う
58.	**полный・полностью**	①一杯の、満ちた ②完全な、欠けた所のない
59.	**прерывать - прервать・перерыв**	①中断する ②絶つ・休止時間
60.	**линия**	線、列；路線
61.	**образоваться**	できる、生まれる
62.	**друг друга**	互いを、互いに
63.	**решительно**	①断固として、きっぱりと ②まったく
64.	**прощать - простить・прощение**	許す、かんべんする・①許すこと ②免罪
65.	**интересовать - заинтересовать・интерес**	興味を感じさせる、関心を持たせる・関心、興味
66.	**плечо**	肩
67.	**рисковать・риск**	①危険を冒す、冒険する ②危険にさらす・リスク、危険
68.	**замечать - заметить**	気づく・指摘する（述べる）
69.	**складывать - сложить**	①積み上げる ②加算する、足す ③折りたたむ ④つめる
70.	**смысл**	意味；内容；意義

(1) ВЫВОД 結論

表現・手段	表現内容	例文
ЗНАЧИТ, (ЧТО)	(…を意味している)	**Значит** мы тебя неправильно поняли? Это **значит**, что денег у нас не осталось.
ВЫХОДИТ, (ЧТО)	(…ということになる)	**Выходит**, ты не виноват? **Выходит**, что нам не на что купить обратный билет.
ПОЛУЧАЕТСЯ, (ЧТО)	(…という結果になる)	**Получается**, это просто стечение обстоятельств[1]? **Получается**, что мы навсегда должны остаться здесь.
СЛЕДОВАТЕЛЬНО	(つまり)	Нам, **следовательно**, всё неправильно объяснили? **Следовательно**, нам не попасть больше домой.
(ОТСЮДА, ИЗ+生格**) СЛЕДУЕТ, ЧТО**	(ここから…という結論が出る)	Из этого **следует, что** нас, возможно, обманули? Отсюда **следует, что** мы больше никогда не увидим родину.
(ОТСЮДА, ИЗ+生格**) ВЫТЕКАЕТ, ЧТО**	(ここから…ということになる)	А из этого **вытекает, что** мы дураки. А отсюда **вытекает, что** мы должны что-то предпринять[2].

[1]回り合せ、事の成り行き [2]取り掛かる

(2) ПОСЛЕДУЮЩЕЕ ВРЕМЯ ИЛИ ДЕЙСТВИЕ 後続の時、又は行為

表現・手段	表現内容	例文
ЧЕРЕЗ+対格	(たって、…後に) *時間の言葉の前*	**Через** два часа он придет обедать. **Через** минуту он уже спал.
ПОСЛЕ+生格	(あとで、のちに) *主に行動・過程・期間の名詞の前*	**После** завтрака ему надо было сразу уходить. Она часто ходит в спортклуб **после** работы.
ПОТОМ+動詞	(のちほど、次に)	Сначала научитесь плавать, а **потом** мы нальём вам воды в бассейн. Впереди бежал дрессировщик, **потом** лев, а **потом** и тигр.
ЗАТЕМ	(それから、それに続いて)	Сначала поработаем, **затем** отдохнём, хотя лучше наоборот[1]. Он выпил рюмку водки, **затем** ещё одну.
СПУСТЯ+対格	(たって、…後に) *時間の言葉の前、主に過去形*	Был простым бандитом, а **спустя** два года он уже известный политик. Они вновь встретились **спустя** много лет.
ВСЛЕД ЗА	(…すぐ後を追って、…に続いて)	**Вслед за** насморком начался кашель. Он вышел **вслед за** ней и не отставал ни на шаг[2].

[1]逆に [2]一歩も、少しも

(3) НЕИЗБЕЖНОСТЬ 不可避

表現・手段	表現内容	例文
НЕ МОЧЬ НЕ	(しないではいられない)	**Не могу не** отметить[1] тот факт, что мы близимся к концу учебника. Мы **не можем не** признать его достоинства[2].
НЕЛЬЗЯ НЕ	(...せざるを得ない)	**Нельзя не** говорить об этом. **Нельзя не** довести дело до конца

[1] 指摘する [2] 長所

Вопросы для развития устной речи

1. Когда Сакуровский снова встретился с хранителем коллекции искусства стран Дальнего Востока?
2. Почему так волновался Толстой?
3. О чем Сакуровский рассказал Толстому?
4. Что остается непонятным в этих двух кражах?
5. От чего умер Гаврилов?
6. Что пытались выведать с помощью наркотика у Гаврилова?
7. Что думает хранитель коллекции Толстой об этих парных гравюрах?
8. Какие различия на московской и токийской гравюрах обнаружил Толстой?
9. Что интересовало похитителей гравюр?
10. Есть ли тайный смысл в изображённых на гравюрах горе и сакуре?

Глава 14

Токио. Пятница. 20 августа … года.

Ямамото Дзиро, **теперь** уже **бывший** руководитель московского отделения секты «Дети истины», уже вторые сутки **практически** безвылазно* сидел в **тесном номере** дешёвой **гостиницы** на **окраине** Токио. Ямамото был **уверен**, что его уже ищут. Если не из-за кражи гравюр, то в связи* с причастностью* секты к обстрелу парламента и императорского дворца. Полиция взялась* за это как следует*. Даже ночью ему не удалось проникнуть к своему сейфу, чтобы достать гравюру. Куда ни кинься*, **всюду** охрана.

*外出せずに
*に関連して　*関与
*取り掛かる
*しかるべく
*行く

«Вдруг*(2)* станет **известно** про его причастность к кражам? А что если*(2)* полиция узнает о том, что Гаврилов умер не своей смертью? Пускай и так, но доказательств им не найти. Чуть что*(2)*, так он и алиби* представит. Но независимо от*(1)* этого **всё равно** всё пропало…

*アリバイ

Этот Гаврилов сам пришёл к нему, помощи искал, хотел попасть в Японию. Сначала старик темнил*, всё ходил **вокруг** да **около***. Рассказывал о наследстве, которое ему якобы оставили родственники в Японии. Намекал* на какой-то тайный счёт. Обещал, что в случае*(2)* успеха **готов** поделиться с Ямамото. При всём*(1)* том сначала Ямамото ему не поверил. Вдруг*(2)* старик просто выжил из ума*? Но Гаврилов упорствовал*, **настойчиво обещал** ему **долю**. Однако сколько бы ни уговаривал он, Ямамото колебался*. И вот, чтобы убедить Ямамото, Гаврилов вынужден был рассказать ему всю **правду** про свою тайную миссию в Японии в **начале** 20-х годов.

*本意を言わない、口をにごす
*本題・核心に触れない
*ほのめかす
*ぼける　*ねばる
*迷う、ためらう

Тогда у Ямамото и созрел* план вызнать у Гаврилова все подробности и самому стать **обладателем громадного** богатства. Пытаясь войти в доверие,* он давал старику деньги, делал небольшие подарки. Наконец ему удалось узнать про тайну двух гравюр. Оставалось только выведать местонахождение* второй гравюры и **название** банка. Однако как ни старался он, что бы ни делал, Гаврилов упорно избегал разговора на эту тему. Пришлось вколоть ему наркотик. Но хотя у старика и развязался язык*, сердце не выдержало*. Только и успел рассказать про полковника Тода…

*出来上がる
*信用を得る
*ありか
*しゃべるようになる　*耐える、もつ

Дальше было делом **техники**. Кражу из московского

музея с помощью русской мафии удалось организовать без проблем. Среди японских якудза у него тоже были знакомые, так что и похищение гравюры в Токио было делом **нетрудным**. Деньги за работу он **пообещал** заплатить **спустя** месяц, рассчитывая*, что тогда в его руках уже будет золото. Теперь на это надеяться не приходилось. Если бы не этот сумасшедший, возомнивший себя* **царём** и **богом**, то он был бы **нынче** богат, сказочно* богат!», - Ямамото в бессильной ярости* сжал* **кулаки**.

*計画する
*自分を…と思い上がる,うぬぼれる *御伽噺の様に,信じられぬほど *無念の思い *握りしめる

«Теперь **конец**. Так **долго** и тщательно **готовиться** – и всё **напрасно**! Сейчас его будут искать еще и якудза, чтобы получить с него обещанные деньги. Эти-то будут пострашнее полиции и пойдут на всё, чтобы взыскать* с него **долг**. Пусть он не **виноват**, но какое это имеет значение, им до этого нет никакого дела*! Неужели*(3)* это всё, будущего нет?! Как бы он ни выкручивался*, а денег взять неоткуда. Неужто*(3)* правда конец…»

*取り立てる
*無関係
*脱する

♦♦♦

Приблизительно в это же самое время инспектор Сиракаба и профессор Кавагоэ сидели в гостиной господина Тода. Накануне был звонок из Москвы, который принёс **известие** о **таинственных цифрах**, зашифрованных в гравюрах. **Постепенно** все **части** этой мозаики*-ребуса* становились на свои места.

*モザイク、パズル *謎

- …Так значит ваш дед, полковник Тода, был одним из командиров японского **экспедиционного корпуса**, действовавшего на Дальнем Востоке? – продолжал **расспрашивать** Кавагоэ.
- Да, но подробности мне неизвестны. Сколько деда ни **расспрашивали**, он по большей части* **молчал**. Такой уж был **характер**. Чуть что, так сразу*(2)* **переводил** разговор на другую **тему***. Видно не очень любил вспоминать то время.
- И он никогда не упоминал о русском золоте?
- Вопреки*(1)* своему обыкновению* отмалчиваться*, дед **лишь раз** вскользь* упомянул о каком-то важном событии, связанном с украденной гравюрой. Обещал, что при случае* обязательно когда-нибудь расскажет мне, да, видно, случай так и не представился*…
- То есть вы не имеете никакого **представления*** об **истинной** ценности похищенной гравюры?
- **Понятия не имею***! А что, разве*(3)* она оказалась

*通常
*話題を転じる
*習慣 *黙して語らない
*ちらりと、ぽろっと
*折をみて、機会があれば
*機会がある
*わかる
*全然知らない

столь ценной? Я **всегда** думал, что деду она была **дорога** только как **память**.

- Сама по себе* гравюра не много **стоит**, но мы предполагаем, что она содержит закодированный* номер счёта **банка** в Токио, на который, возможно, было помещено золото, вывезенное **отступавшими** белогвардейскими войсками из Сибири. Его можно было прочесть, только наложив на другую гравюру, хранившуюся в Москве.

*それ自体としては

*暗号化する

- Слушайте, да это настоящий **детектив**! Просто **удивительно**! Неужто*(3)* это правда? Теперь будет что рассказывать знакомым! Всё что угодно* мог подумать, но такое даже и предположить было трудно. И что же, вам удалось найти это золото?

*どんなことでも

- В том-то и дело, что* нет, – **вмешался** в разговор инспектор – Несмотря на*(2)* то, что нам известен номер счёта, мы не знаем, в каком он банке. Вот смотрите, - с этими словами Сиракаба достал из принесённой папки гравюру и московскую копию, обнаруженные в сейфе в штаб-квартире «Детей истины».

*問題は…点にある

- **Держите**! Это ведь ваша гравюра? – спросил Сиракаба.
- Да! Так вы нашли её?!
- Нашли и **спустя** некоторое время **вернём** вам. А сейчас посмотрите. Вот копия гравюры, украденной из Москвы. Теперь накладываем их друг на друга…Вот видите, **чётко** видны цифры.
- Удивительно! А это что такое? – Тода указал на угол, в котором белая **ветка** сакуры при наложении оказывалась на **фоне горы**.
- Понятия не имеем*. Может просто случайность?

*まったく知らない（口）

- Постойте, да это же довоенная* эмблема* нашего банка. Сейчас она другая, но раньше была именно эта - белая сакура на фоне золотой горы. То есть «Ямадзакура», **горная** сакура !

*戦前の　*標章

Слова для запоминания

1. **теперь** 今
2. **бывший** 前の、以前の、元の
3. **практический・практически** ①実践的な、実際的な ②実質的な、実際上の・①実地に ②実際上は
4. **тесный** ①狭い ②密集した、隙間のない
5. **номер** ①番号 ②ホテルの部屋
6. **гостиница** ホテル
7. **окраина** 郊外、外れ
8. **уверенный** ①…を確実した ②確信に満ちた
9. **всюду** 至る所に
10. **известно** 知られている、分かっている
11. **всё равно** ①どうでもよい、かまわない ②どっちみち、いずれにせよ
12. **вокруг** ①まわりに、まわりで ②（+生格）…のまわりに
13. **около** ①そばに、近くに ②...の周囲・近く・約
14. **готовый** ①準備を済ませた、身支度のできた ②用意のある、承知している
15. **настойчивый** 根気強い、粘り強い
16. **обещать - пообещать・обещание** ①約束する ②…となりそうだ・約束、約定
17. **доля** ①部分 ②分け前 ③運命
18. **правда** ①真実・真理 ②本当だ、その通りだ
19. **начало** 始まり
20. **обладать・обладатель** ①所有する、領有する ②自分のものにする・持ち主、所有者
21. **громадный** ①巨大な、多数の ②絶大な
22. **название** 名称、名
23. **техника** ①機械 ②技術
24. **трудный** 難しい、困難な；面倒な
25. **спустя** …を経過して、…の後に
26. **царь** ロシア皇帝、ツァーリ、王者
27. **бог** 神
28. **нынче** 今
29. **кулак** こぶし、げんこ
30. **конец** ①終わり、最後 ②端、末
31. **долгий** 長い
32. **готовиться - подготовиться** ①…の用意をする ②準備をする
33. **напрасно** ①むなしく、無益に ②用もなく
34. **долг** ①義務 ②借金
35. **виноватый** ①罪・責任のある、悪い②原因をなる③すまなさそうな
36. **приблизительный・приблизительно** おおよその、概略の・大雑把に
37. **известие** ①知らせ、報知 ②会報、紀要

38. **таинственный** ①秘密にしている、内密の ②秘密のある
39. **цифра** 数字
40. **постепенный** 漸進的な、漸次の
41. **часть** ①部分 ②部隊
42. **экспедиция** 旅行、探検隊
43. **корпус** ①胴体 ②軍団
44. **расспрашивать - расспросить** ①詳しく尋ねる ②聞き出す
45. **молчать - замолчать** 黙る
46. **характер** 性格、質
47. **переводить - перевести** ①訳す ②連れて行く
48. **тема** テーマ
49. **лишь** ただ…だけ
50. **раз** ①(1)回、度 ②倍
51. **представление** ①提出、提示 ②出し物 ③理解、知識
52. **истинный・истина** 真実の、実際の・事実、真相
53. **понятие** ①概念 ②観念、知識
54. **столь** それほど、かくも
55. **всегда** いつも、常に
56. **дорогой** ①値の高い ②大事な、大切な
57. **память** ①記憶力 ②思い出、記念
58. **стоить** ①(値段が)…である ②…に値する
59. **банк** 銀行
60. **отступать - отступить** ①後ろへ下がる ②退却する
61. **удивительный** 驚くべき、不思議な、すばらしい
62. **детектив** ①探偵、刑事 ②推理小説
63. **вмешиваться - вмешаться** 加わる、口出しする
64. **держать** ①手に持っている ②逃げないようにする
65. **спустя** …を経過して、…の後に
66. **возвращать - вернуть** ①返す ②取り戻す
67. **чёткий・чётко** ①はっきりした ②はっきり見える ③明確な
68. **ветка** 枝
69. **фон** ①地、地色 ②背景
70. **горный** ①山の、山地の ②鉱山の

(1) УСТУПИТЕЛЬНЫЕ ОТНОШЕНИЯ 譲歩の関係

表現・手段	表現内容	例文
НЕСМОТРЯ НА+対格	(…なのに、ながら) *困難を克服する*	**Несмотря на** все старания, он никак не мог похудеть. **Несмотря на** трудности, она смогла выучить русский язык.
ВОПРЕКИ+与格	(…に反して) *意識的に規則・希望に逆らう* (надежда, мнение, истина, интерес, норма 等)	Она всегда всё делала **вопреки** желаниям родителей. **Вопреки** всем правилам, он пришёл на приём[1] в кроссовках[2] и джинсах.
НЕЗАВИСИМО・ВНЕ ЗАВИСИМОСТИ ОТ+生格	(…に関係なく) 何かを無視する、係りなく *主に人・物の特質、感情、希望を示す名詞* (прочность, доброта, любовь, желание 等)	Мы поедем на пикник **независимо от** погоды. **Вне засимости от** своего настроения, он старался быть приветливым[3] с подчинёнными[4].
ПРИ ВСЁМ (ВСЕЙ, ВСЕХ) +前格	(…にもかかわらず) *前と後のことの矛盾をあらわす*	**При всём** моём уважении[5] к тебе, я этого сделать не могу. **При всём** нашем желании мы не сможем поехать вместе с вами.

[1] レセプション [2] ジョギングシューズ [3] 親切な [4] 部下 [5] 尊敬

(2) СЛУЧАЙНОСТЬ 偶然

表現・手段	表現内容	例文
ВДРУГ	(ひょっとして) 突然の場合	У меня одна надежда – **вдруг** экзамен отменят[1]. **Вдруг** у него получится?
В СЛУЧАЕ+生格	(…場合に、…状況で)	**В случае** пожара[2] первым спасать преподавателя. **В случае** чего мы тебя найдём, не волнуйся.
(А) ЧТО ЕСЛИ	(もしも…、ならばどうしよう)	А **что если** нам прогулять занятие? **Что если** учитель узнает?
ЧУТЬ ЧТО・ЕСЛИ ЧТО, (ТАК СРАЗУ…)	(何かあると、ちょっとしたことですぐ)	**Чуть что**, **так** она **сразу** в слёзы. **Если что** – звони мне.

[1] キャンセルする [2] 火事

(3) НЕДОВЕРИЕ 不信

表現・手段	表現内容	例文
НЕУЖЕЛИ・НЕУЖТО	(本当に…か、果たして…か)	**Неужели** кончились занятия русским языком? **Неужто** конец нашим мучениям[1]?
РАЗВЕ	(本当にそうか)	**Разве** ты ещё не слышал об этом? Да **разве** такое может быть?

[1] 苦しみ

Вопросы для развития устной речи

1. Где прятался Ямамото?
2. Чего он боится?
3. Как Ямамото познакомился с Гавриловым?
4. Поверил ли Ямамото рассказам старика о наследстве?
5. О чем Гаврилов вынужден был рассказать Ямамото?
6. Что делал Ямамото, чтобы войти в доверие к старику?
7. Что он пытался выведать у старика с помощью наркотика?
8. Как были организованы кражи в Москве и Токио?
9. Чего Ямамото боится больше полиции?
10. Рассказывал ли Тода своему внуку об истинной ценности гравюры, которая хранилась в их доме?
11. Что могли значить цифры, обнаруженные на московской и токийской гравюрах?
12. Что обнаружил Тода при наложении гравюр друг на друга?

Глава 15

(окончание)

文法編　目次

文法１ 117

Ⅰ．複文とその種類

１）複文

２）並列複文

３）従属複文

Ⅱ．並列複文（その１）

＜結合接続詞、又は付接的接続詞を伴った並列複文＞

１）結合接続詞《 ..., и ... 》

（１）全面的同時性

（２）部分的同時性

（３）順次性

（４）因果関係

２）結合接続詞 《 ни..., ни... 》

３）結合接続詞 《 ..., да... 》

４）付接的接続詞 《 ..., то́же... 》、《 ..., также.. 》

文法２ 124

並列複文（その２）

＜分離（選択）接続詞を伴った並列複文＞

１）分離（選択）接続詞《 то ..., то ... 》

２）分離（選択）接続詞《 то ли ..., то ли ... 》、《 не то ..., не то ... 》

３）分離（選択）接続詞 《 ..., или... 》、《 ..., либо... 》

４）分離（選択）接続詞 《 или..., или... 》、《 либо..., либо... 》、《 ...ли..., или... 》

文法３ 127

並列複文（その３）

＜反意接続詞を伴った並列複文＞

１）反意接続詞《 ..., а ... 》

２）反意接続詞《 ..., но ... 》

３）反意接続詞 《 ..., да... 》

４）反意接続詞 《 ..., ... же ... 》、《 ..., одна́ко... 》、《 ..., только... 》、《 ..., зато́... 》

文法４ 131
従属複文（その１）
＜内容説明の従属複文　（Ｉ）＞
：接続詞を用いた内容説明の従属節を伴った従属複文
１）接続詞《 ..., что ... 》
２）接続詞《 ..., будто (бы) ... 》
３）接続詞《 ..., как ... 》
４）接続詞《 ..., чтобы ... 》
５）接続詞《 ..., как бы ... не ... 》、《 ..., чтобы ... не ... 》
６）接続詞《 ..., ... ли ... 》、《 ..., ... или ... 》、《 ..., ... ли ... или ... 》

文法５ 140
従属複文（その１－１）
＜内容説明の従属複文　（Ⅱ）＞
：接続語を用いた内容説明の従属節を伴った従属複文
１）接続語《 ..., что ... 》
２）接続語《 ..., как ... 》
３）接続語《 ..., кто ... 》、《 ..., чей ... 》、《 ..., ско́лько ... 》、《 ..., где ... 》など

文法６ 143
従属複文（その１－２）
＜内容説明の従属複文　（Ⅲ）＞
１）内容説明の従属複文に於ける主節と従属節の時制の相関関係
（１）従属節が現在時制の場合
（２）従属節が過去時制の場合
（３）従属節が未来時制の場合
２）内容説明の従属複文に於ける主節での指示代名詞 то の用法
３）内容説明の従属複文に於ける従属節の位置

文法７ 150
従属複文（その２）
＜定語的従属節を伴った従属複文＞
１）接続語《 ..., который ... 》
２）接続語《 ..., како́й ... 》
３）接続語《 ..., чей ... 》
４）接続語《 ..., что ... 》
５）接続語《 ..., кто... 》

６）接続語 《 ..., где ... 》、《 ..., кудá ... 》、《 ..., откýда ... 》、《 ..., когдá ... 》

文法８ 157
従属複文（その３）
＜「場所」を表わす従属節を伴った従属複文＞
１）接続語《 ..., где ... 》
２）接続語《 ..., кудá ... 》
３）接続語 《 ..., откýда ... 》

文法９ 159
従属複文（その４）
＜「時」の従属節を伴った従属複文＞
１）主節と従属節の同時性
（１）完全な同時性
① 接続詞 《 ..., когдá... 》
② 接続詞《 ..., покá ... 》
③ 接続詞 《 в то врéмя как..., ... 》、《 мéжду тем как ..., ... 》、《 ..., тогдá как ... 》
④ 接続詞 《 по мéре тогó как..., ... 》
（２）部分的な同時性
① 接続詞 《 ..., когдá... 》
② 接続詞 《 покá..., ... 》
③ 接続詞 《 в то врéмя как ..., ... 》
２）主節と従属節の非同時性
（１）従属節の動作の先行性
① 接続詞 《 когдá..., ... 》
② 接続詞《 после тогó как ..., ... 》
③ 接続詞《 с тех пор как ..., ... 》、《 с тогó врéмени как ..., ... 》など
④ 接続詞《 как тóлько ..., ... 》《 едвá ..., ... 》、《 ..., чуть ... 》など
⑤ 接続詞 《 не успéл ..., как ... 》、《 не прошлó ..., как ... 》
（２）従属節の動作の後続性
① 接続詞 《 ..., как вдруг... 》
② 接続詞 《 ..., до тех пор, покá не ... 》、《 ..., покá не ... 》など
③ 接続詞 《 до тогó как ..., ... 》、《 перед тем как ..., ... 》

④ 接続詞 《 пре́жде чем ..., ... 》、《 ра́ньше чем ...,   ... 》など
ど

文法１０ 169
従属複文（その５）
＜「理由・原因」を表わす従属節を伴った従属複文＞
１）「理由・原因」の従属複文に於ける一般的規則
（１）従属節と主節との関係
（２）従属節で用いられる接続詞
（３）理由・原因の意味に、更に疑念のニュアンスが付加される従属節
（４）並列複文への変換
２）「理由・原因」の従属複文の種類
（１）接続詞《 ..., потому́ что ... 》、《 ..., и́бо... 》、《 та́к как ..., ... 》、《 оттого что ..., ... 》
（２）接続詞《 благодаря́ тому что ..., ... 》、《 из-за того́ что ..., ... 》、《 ..., тем бо́лее что... 》など
３）複合接続詞の分割
（１）複合接続詞の前半部が主節の文末に、後半部が従属節の文頭位置するケース
① 複合接続詞が分割可能である場合
② 複合接続詞が常に分割される場合
（２）複合接続詞の前半部が主節の文頭に、後半部が従属節の文頭に位置するケース

文法１１ 174
従属複文（その６）
＜「目的」を表わす従属節を伴った従属複文＞
１）従属節の述語が過去形となる場合
２）従属節の述語が不定形となる場合
（１）主節と従属節の行為主体が一致する場合
（２）主節と従属節の行為主体が、かならずしも一致しない場合
３）接続詞 чтобы ＋ 不定形を用いた複文を単文への変換
（１）「目的」の副詞句への変換が可能なケース
（２）「目的」の副詞句への変換が不可能なケース
① 主節の「運動の動詞」に関連して
② 従属節の不定形の語彙的意味に関連して
③ 主節と従属節の行為の時間的関係によって

④ その他の理由によって

文法１２ 180
従属複文（その７）
＜「行為の様態」を表わす従属節を伴った従属複文＞
1） 接続詞 《 ..., как... 》
（1） 行為の比較
（2） 依頼、命令などに対する行為の一致
2） 接続詞 《 ..., как бу́дто ... 》
3） 接続詞 《 ..., то́чно (бу́дто, сло́вно) ... 》
4） 接続詞 《 ..., чем ... 》
5） 接続詞 《 чем ..., тем ... 》
6） 接続詞 《 ... сто́лько , ско́лько ... 》
7） 接続詞 《 ..., что ... 》、《 ..., чтобы ... 》、
（1） 接続詞 что を用いた従属複文
① 《 так ..., что ... 》、《 насто́лько ..., что ... 》
② 《 сто́лько ..., что ... 》
（2） 接続詞 чтобы を用いた従属複文
（3） 接続詞 что, чтобы のいずれも使用が可能な従属複文

文法１３ 189
従属複文（その８）
＜「結果」を意味する従属節を伴う従属複文＞
1） 接続詞 《 ..., так что... 》
2） 接続詞 《 ..., вследствие чего́... 》、《 ..., в си́лу чего́ ...》

文法１４ 191
I 従属複文（その９）
＜「条件」を意味する従属節を伴う従属複文＞
1）接続詞《 ..., е́сли ... 》
2） 接続詞 《 е́сли бы..., ... 》
3） 接続詞 《 когда́..., ... 》
4） 接続詞 《 раз ..., ... 》
5） 接続詞 《 ..., ли ..., ... ли ..., ～ 》
6） 命令形を用いた従属節を伴う従属複文
II 従属複文（その１０）
＜「譲歩」を表わす従属節を伴った従属複文＞
1）接続詞 《 хотя́ ..., ... 》、《 хоть ..., ... 》、《 несмотря́ на то

что ..., ... 》

2）接続詞 《 пусть ..., ... 》、《 пускáй ..., ... 》

3）接続詞 《 как ни ..., ... 》、《 скóлько ни ..., ... 》、《 кто ни ..., ... 》

4）接続詞 《 как бы ни ..., ... 》、《 когдá бы ни ..., ... 》、《 что бы ни ..., ... 》

文法１

Ⅰ．複文とその種類

１）　複文（**сло́жное предложе́ние**）

複文とは、主語（подлежа́щее）と述語（сказу́емое）の結合によって表現される叙述的中心を複数個持ち、構造的にも、意味的にも、語調的にも不可分の統一体となっている文である。

複文は、それを構成する各々の節（ча́сти предложе́ния）がどのような結合手段と、構造的な特性に基づいて配列されるかによって、並列複文（сложносочинённые предложе́ния）と従属複文（сложноподчинённые предложе́ния）に分類される。

２）並列複文（**сложносочинённое предложе́ние**）

複文を構成する各々の節が対等の資格を持ち、並列接続詞（сочини́тельные сою́зы）によって結ばれている文を並列複文という。

並列複文の各々の節は、書記上は通常コンマによって区切られている。しかし、先行する節の内に、後続の節にとっても共通な、文の二次的成分（второстепе́нные чле́ны предложе́ния）がある場合には、双方の節はコンマによって区切られない。

並列接続詞は、文の同種成分（одноро́дные чле́ны предложе́ния）や、並列複文の各々の節を結合させるために用いられるものであるが、後者の機能で用いられる主な並列接続詞には以下のようなものがある。

（１）結合接続詞（соедини́тельные сою́зы）
　：列挙の関係を表わす。
　（… и … ;　и…, и…;　ни… ни…;　. . . да. . .　など）

（２）反意接続詞（противи́тельные сою́зы）
　：対立、不相応、相違を表わす。（а;　но;　да;　одна́ко;　же;　зато́　など）

（３）分離（選択）接続詞（раздели́тельные сою́зы）
　：動作、現象などの相互排除、交替を表わす。
　（и́ли;　ли́бо;　ли…, ли…;　то…, то…;　то ли …,　то ли …; не то …,　не то …　など）

（４）付接的接続詞（присоедини́тельные сою́зы）

: 補足的なコメントを付加する。
(да и;　также;　то́жеなど)

3) 従属複文 (сложноподчинённое предложе́ние)

文が複数の節から構成される場合に、一方の節が、もう一方の節に統辞論的に依存しており、双方の節が従属接続詞 (подчини́тельные сою́зы) 又は接続語 (сою́зные слова́) によって結合されている複文を従属複文と言う。その際に主要な節を主節 (гла́вная часть) と言い、統辞論的に依存しているもう一方の節を従属節 (прида́точная часть) と言う。

従属複文を構成する従属節には次のような種類がある。

(1) 主節中のある語、又は語結合 (словосочета́ние) に関係する従属節

① 内容説明の従属節 (изъясни́тельная прида́точная часть)
② 量と程度の従属節 (прида́точная часть ме́ры и сте́пени)
③ 場所の従属節 (прида́точная часть ме́ста)
④ 比較の従属節 (сравни́тельная прида́точная часть)
⑤ 定語的従属節 (определи́тельная прида́точная часть)

(2) 主節全体に関係する従属節

① 時の従属節 (прида́точная часть вре́мени)
② 付接的従属節 (присоедини́тельная прида́точная часть)
③ 理由・原因の従属節 (прида́точная часть причи́ны)
④ 結果の従属節 (прида́точная часть сле́дствия)
⑤ 動作の様態の従属節 (прида́точная часть о́браза де́йствия)
⑥ 仮定・条件の従属節 (усло́вная прида́точная часть)
⑦ 譲歩の従属節 (уступи́тельная прида́точная часть)
⑧ 目的の従属節 (прида́точная часть це́ли)

Ⅱ．並列複文（その１）

＜ 結合接続詞、又は付接的接続詞を伴った並列複文 ＞

：動作、現象などを列挙する。

１）結合接続詞 «…， и…» を用いた並列複文

：並列複文を構成する各々の節で表現される動作間の時間的な関係は、各節で用いられる述語動詞の体（ви́ды）によって表わされる。

（１）全面的な同時性を持つ動作を表す場合

（ａ）同時的な動作は、各々の節で不完了体動詞を用いて表わされるが、時には、かなりまれではあるが一方の節で不完了体動詞を用い、他の節では合成名辞述語（именнóе составны́е сказу́емое）、又は述語的副詞（предикати́вное нарéчие）を用いることによって表わされる。

：《～、そして～》

例文１．

1.Оркéстр игрáл, и все танцевáли.

2.Я сидéл у кострá, и мне казáлось, что ктó-то стои́т за спинóй.（Пауст.）

3.Гром гремéл, и лил дождь.（М. Г.）

（ｂ）よりまれではあるが、同時的な動作は、各々の節で完了体動詞を用いても表現することが可能である。

例文２．

1.Оди́н тóлько раз вéтер прошёл по сáду, и весь он зашумéл.

2.Пришлá веснá, запéли пти́цы, и стáло теплó.

3.В вагóн вошли́ студéнты и с ни́ми пришлá молодáя пéсня.

（２）部分的に同時性を持つ動作を表す場合

：部分的に同時の動作は、一方の節では不完了体動詞を用い、他の節では完了体動詞を用いることによって表現される。

例文３.

1.Ве́тер не уменьша́лся, и пошёл снежо́к. （Л. Т.）

2.Он вспомина́л э́тот путь, и у него́ тяжело́ заби́лось се́рдце.

3.Заря́ уже́ пога́сла, и едва́ беле́л на небоскло́не её после́дний след. （Т.）

（３）順次的な動作を表す場合

（ａ）並列複文に於ける動作の順次性は、たいていの場合、各々の節で完了体動詞を用いることによって表現される。

例文４.

1.Прозвене́л звоно́к, и ле́кция ко́нчилась

2.Дверь откры́лась, и в ко́мнату вошёл незнако́мый челове́к.

3.Пройдёт вре́мя, и мы уйдём наве́ки. （Ч.）

（ｂ）順次動作の反復は、各々の節で不完了体動詞を用いることによって表現される。

例文５.

1.Пого́да ча́сто меня́ется, и нам прихо́дится всё вре́мя переодева́ться.

2.Мо́лния я́рко сверка́ет, и стра́шно гром греми́т.

（ｃ）動作の順次性は、先行の節で完了体動詞を用い、後続の節で不完了体動詞を用いることによっても表現される。

：この場合には、後続の節の不完了体動詞が、先行の節で伝達された非継続動作の結果として生じた状態、又は継続動作を表わす。

例文６.

1.К ве́черу не́бо проя́снилось, и чи́стая заря́ до́лго горе́ла над луга́ми.

2.Разгово́р э́тим ко́нчился, и мы продолжа́ли мо́лча идти́ друг по́дле дру́га. （Л.）

3.То́лько что прошёл тёплый до́ждичек, и стоя́л лёгкий тума́н. （А. Т.）

（４）動作の因果関係を表す場合

：先行の節の動作が原因を表し、後続の節の動作がその結果を表わす場合がある。

例文７．

1.Чемода́н был тяжёлый, и ма́льчик не мог его́ подня́ть.

2.Заболе́ло одна́жды у Ва́ськи го́рло, и не позво́лили ему́ на у́лицу выходи́ть.（Гайд.）

3.Я был бо́лен, и врачи́ приказа́ли мне ежедне́вно гуля́ть.（Пауст.）

２）結合接続詞　《 **ни. . . , ни. . .** 》 を用いた並列複文

：否定の並列複文は、接続詞 **и** ではなく、接続詞《**ни. . . , ни. .** 》によってその各々の節が結合される。その際に、**ни** は各々の節（**ча́сти предложе́ния**）の文頭で反復される。

：《〜もなく、〜もない》

例文８．

1.Темно́ вокру́г：ни луна́ не све́тит, ни звёзд не ви́дно.

2.Всё бы́ло ти́хо：ни река́ не шуме́ла, ни голоса́ люде́й не слы́шались.

3.Ни он не расска́зывал о себе́, ни мы не расспра́шивали его́.

３）結合接続詞《 **. . . , да. . .** 》を用いた並列複文

：補足的、追加的な伝達を含む文は、接続詞 **да** によって結合される。かなり度々この接続詞に呼応して、先行の節では限定的助詞の **только, лишь** が用いられる。

. . .《〜、それに加えて〜》、《〜、おまけに〜》、《〜、その上〜》、《〜、ただ〜だけ》

例文９．

1.Сего́дня хо́лодно, да прито́м и ве́тер ду́ет.

2.Луна́ свети́ла на не́бе, да звёзды зага́дочно мерца́ли.

3.Здесь росла́ то́лько трава́, да ещё и́зредка видне́лись низкоро́слые кусты́.

4）付接的接続詞 《 ..., ... **то́же** ... 》, 《 ..., **также** ... 》 を用いた並列複文

：接続詞 то́же, также は、通常は後続の節の文頭ではなく、文中に位置している。双方の接続詞は用法上のみならず文体上も異なっている。

（a）接続詞 то́же は、並列複文の先行の節の既知の意味内容と同一か、又は同義的である語群の直前に置かれ、句アクセント（фра́зовое ударе́ние）を持つ。 この接続詞は通常は口語体の標準語で用いられる。
...《～、～も（同様に）～》

例文１０．

1.Слёзы вы́сохли у меня́ на глаза́х, сестри́ца то́же переста́ла пла́кать.（Акс.）
2.Я просну́лся и уви́дел, что мать уже́ вста́ла, оте́ц то́же встал.
3.Секу́нду он молча́л, мать смотре́ла на него́ то́же мо́лча.（М. Г.）

（b）接続詞 также は、先行の節の既に知られている事実に関する新たな補足的情報を、後続の節で伝達する語群の直前に置かれる。後続の節に於ける句アクセントは、接続詞 также の直後の語に集中する。
：この接続詞は、学術、社会・政治評論、実務の文体で用いられることが多く、よりまれには話し言葉でも用いられる。
...《～、その上～も～》

例文１１．

1.Лю́ди си́льно проголода́лись, ло́шади также нужда́лись в о́тдыхе.（Арс.）
2.Во дворе́ игра́ли и бе́гали де́ти, их голоса́ слы́шались также из са́да.
3.В библиоте́ке я вы́брала себе́ интере́сную кни́гу, взяла́ я кни́гу та́кже и для отца́.

例文１２．付接的接続詞 **также, то́же** を用いた複文の比較

1. Мне не спало́сь, мой сосе́д то́же не спал.	Мне не спало́сь, не спал также мой сосе́д.
2. Я заста́л до́ма отца́ и мать, брат то́же был до́ма.	Я заста́л до́ма отца́ и мать, до́ма был также брат.

3. Мой това́рищ — инжене́р, его оте́ц то́же инжене́р.	Мой това́рищ — инжене́р, инжене́ром рабо́тает также его́ оте́ц.
4. Вчера́ он был у нас, сего́дня он то́же придёт.	Вчера́ он был у нас, придёт он также сего́дня.
5. Каждый день я хожу́ на ле́кции, мои́ друзья́ то́же ка́ждый день слу́шают ле́кции.	Ка́ждый день я хожу́ на ле́кции, ка́ждый день я быва́ю также в библиоте́ке.
6. На про́шлой неде́ле мы ходи́ли в теа́тр, в музе́е мы бы́ли то́же на про́шлой неде́ле.	На про́шлой неде́ле мы ходи́ли в теа́тр, на той же неде́ле мы посмотре́ли также вы́ставку цвето́в.

文法２

並列複文　（その２）

＜分離（選択）接続詞を伴った並列複文＞

：動作、現象などの相互排除、交替を表わす。

１）分離（選択）接続詞 《 то..., то... 》 を用いた並列複文

：この接続詞を伴った文では、動作、現象の交替、及び同一時間内に於けるそれらの非両立性が表現される。
...《ある時は～、またある時は～；時には～、別の時には～；ある場合には～と思えば、またある場合には～》

（ａ）この接続詞を伴った並列複文では、完了体過去形以外の動詞の全ての形態が、交替する動作の反復性を表わす。

例文１.

1.Рабо́ту Ива́н меня́л ча́сто: то он с нача́льством ссо́рился, то сама́ рабо́та надоеда́ла.

2.К экза́мену он гото́вился пло́хо: то у него́ боле́ла голова́, то ему́ меша́ли друзья́.

3.То де́ти боле́ли, то друзья́ приезжа́ли, и мы всё ле́то находи́лись в го́роде.

（ｂ）この接続詞を伴った構文に於いては、完了体過去の動詞は、動作の交替が一度だけ生じたことを示す。

例文２.

1.Бы́ло тру́дно сосредото́читься: то телефо́н зазвони́л, то кто́-то зашёл в ко́мнату.

2.То вдруг послы́шались голоса́, то опя́ть ста́ло ти́хо.

２）分離（選択）接続詞 《 то ли ..., то ли ... 》、《 не то..., не то... 》を用いた並列複文

：これらの接続詞は、話者が正確な判断を下すことが困難な、相

互に排除し合う動作や現象を列挙する際に用いられる。

（a）接続詞 《 то ли. . . , то ли. . . 》 を用いた並列複文
：《～の様でもあり、～の様でもある》

例文３.

1.То ли ве́тер шуме́л, то ли кто́-то стуча́л в дверь.
2.То ли бу́дут дополни́тельные заня́тия, то ли мы пойдём в музе́й.
3.То ли э́то показа́лось мне, то ли действи́тельно кто́-то приходи́л.

（b）接続詞 《 не то. . . , не то. . . 》 を用いた並列複文
：《～ともつかず、～ともつかぬ》

例文４.

1.Ру́дин произнёс э́то после́днее сло́во ка́к-то стра́нно: не то он зави́довал Ната́лье, не то он сожале́л о ней. （Т.）
2.Он был в стра́нной оде́жде. Не то но́вая мо́да пошла́, не то он хоте́л вы́делиться.
3.Не то бы́ло ра́ннее у́тро, не то уже́ наступа́л ве́чер.

３）分離（選択）接続詞 《 . . . , или . . . 》、《 . . . , либо . . . 》を用いた並列複文

：これらの接続詞伴った文では、列挙された現象の内の一個のみが一定の状況で可能であることを表わす。
…《～又は～》

例文５.

1.Мы поговори́м с тобо́й об э́том во вре́мя переры́ва, или придётся оста́ться по́сле заня́тий.
2.Я по́льзуюсь институ́тской библиоте́кой, или е́зжу в центра́льную.
3.Она́ бы́стро поверну́ла го́лову, то́чно затрепета́ла, или э́то то́лько показа́лось.

４）分離（選択）接続詞 《 или. . . , или. . . 》、《 либо. . . , либо. . . 》、《 . . . ли. . . , или. . . 》を用いた並列複文

：これらの接続詞を伴う文は、反復される接続詞によって相互に排除し合う現象が列挙される。 これらの接続詞の内、 ли は決して文頭に立つことがなく、通常は句アクセントを持つ語の直後に位置する。

（a）接続詞 《 или . . . , или. . . 》、《 либо. . . , либо. . . 》 を伴った並列複文

：これらの接続詞を伴う文は、主に平叙文である。

. . .《〜か又は〜かだ》

例文６.

1.В э́то вре́мя го́да ли́бо иду́т дожди́, ли́бо стоя́т холода́.

2.Э́та гроза́ да́ром не пройдёт: ли́бо убьёт кого́-нибудь, ли́бо дом сгори́т. （А. Н. О.）

3.В тече́ние дня пого́да меня́лась не́сколько раз: и́ли шёл дождь, и́ли свети́ло со́лнце.

4.Во вре́мя кани́кул мы ви́делись ка́ждый день: и́ли Никола́й заходи́л ко мне, и́ли я быва́л у него́, и́ли мы вме́сте ходи́ли гуля́ть.

（b）接続詞 《 . . . ли . . . , или . . . 》、《 . . . ли. . . , . . . ли. . . 》を伴った並列複文

：これらの接続詞を用いた文は疑問文である場合が多いが、意味の上からは接続詞 《 то ли. . . , то ли . . . 》、《 не то . . . , не то . . . " 》 を用いた文に近い。

. . .《〜だろうか、それとも〜だろうか》

例文７.

1.Отку́да он узна́л о случи́вшемся? Мать ли написа́ла ему́ об э́том, или това́рищ рассказа́л при встре́че?

2.Случи́лось ли с ней что́-нибудь, оста́лась ли она́ ночева́ть у подру́ги, неизве́стно.

3.Сам ли он вы́брал тако́й пода́рок, посове́товал ли ему́ кто́-нибудь купи́ть э́ту игру́шку?

4.Ну́жно ли говори́ть об э́том, нет ли, не зна́ю.

5.Что э́то? Шум ли мне слы́шится, и́ли э́то опя́ть стучи́т моё се́рдце?（Т.）

文法３

並列複文（その３）

＜反意接続詞を伴った並列複文＞

：動作、現象などの対立、不相応、相違などを表わす。

１）反意接続詞 《 ..., а... 》を用いた並列複文

（ａ）単文中の同種成分を接続する場合と同様に、この接続詞を用いた並列複文では各々の節の内容の対比を表わす。
：《～、一方～》

例文１．

1.Мне два́дцать семь лет, а моему́ бра́ту семна́дцать.
2.Э́та кни́га интере́сная, а та была́ ску́чная.
3.Я иска́л кни́гу в шкафу́, а она́ оказа́лась в портфе́ле.
4.Я бо́льше всего́ люблю́ ле́то, а моя́ сестра́ предпочита́ет весну́.
5.Мой друг аспира́нт, а я слу́жащий.

（ｂ）接続詞 а は、現象の不相応さに対する話者の情緒的評価を表わす並列複文でも用いられる。通常は非難の意味が込められることが多い。
：《～なのに～》

例文２．

1.Я ду́мал, что ты мужчи́на, а ты ещё ребёнок.（Л.）
2.Вы его́ боя́лись, а он тако́й до́брый！
3.Студе́нт хоте́л отдыха́ть, а ему́ на́до бы́ло учи́ться.
4.Он бо́лен, а ты его́ беспоко́ишь.
5.Мы чита́ем кни́ги, а они́ смо́трят телеви́зор.

２）反意接続詞 《 ..., но ... 》 を用いた並列複文

（ａ）この接続詞を伴った並列複文は、相互に不相応な現象の対比を表わし得る。この様な意味での接続詞 но は、接続詞 а の同義

語となり得る。
：《～、しかし～》

例文３．

1.Студе́нту хо́чется есть, но у него́ нет де́нег.
2.Я бы вы́учил ру́сский язы́к, но лень сильне́е меня́.
3.Мы зна́ем, что на́до де́лать, но нам не разреша́ют.
4.Преподава́тель продолжа́л говори́ть, но его́ уже́ не слу́шали.
5.Учёный хоте́л провести́ о́пыт, но ему́ не разреши́ли.

（b）接続詞 но を伴った並列複文は、譲歩を表わす場合がある。

：この意味は、時には всё же, всё-таки, зато́, тем не ме́нее などによって強められ得る。
…《～だけれどもしかし～》

例文４．

1.Она́ о́чень уста́ла, но была́ дово́льна сде́ланной рабо́той.
2.Са́ше не спи́тся, но ве́село ей. (Н.)
3.Здесь темно́, но я ви́жу блеск ва́ших глаз. (Ч.)
4.У него́ нет своего́ до́ма, но маши́на есть.
5.Э́то интере́сная кни́га, но нет вре́мени чита́ть.

（c）接続詞 но で結ばれる並列複文は、中断された動作、 又は実現されなかった動作を表わすことがある。

：この意味は、時には先行の節の述語に助詞の было を付加することによって強化され得る。
．．．《～、しかし～；～しかかったが～》

例文５．

1.Он хоте́л было что́-то сказа́ть , но профе́ссор уже́ исче́з.
2.Студе́нтка пошла́ было на дискоте́ку, но по доро́ге переду́мала.
3.Мы реши́ли пойти́ в кино́, но кто́-то предложи́л про́сто попи́ть пи́во.
4.Мы собира́лись дойти́ до це́ли, но нам помеша́ла плоха́я пого́да.

３）反意接続詞《 ..., да ... 》を用いた並列複文

：この接続詞は、意味上も用法上も но, а と同義であるが、口語で用

いられる。
. . . 《〜、だが〜》

例文６.

1.Бли́зок ло́коть, да не уку́сишь. （Посл.）
2.Я хоте́л было позвони́ть тебе́, да забы́л.
3.Я забы́л про э́то, да вдруг вспо́мнил.
4.Я подари́л бы дру́гу магнитофо́н, да он не хо́чет принима́ть тако́й пода́рок.
5.Всё прохо́дит, да не всё забыва́ется.

4）反意接続詞《 . . . , . . . же . . . 》、《 . . . , одна́ко . . . 》、《 . . . , то́лько . . . 》、《 . . . , зато́ . . . 》を用いた並列複文
：これらの接続詞も、意味上及び用語上も接続詞《 . . . , но. . . 》に近い。

① 接続詞《 . . . , . . . же . . . 》を伴う並列複文
：《〜、それに対して〜；〜だが、一方〜》

例文７.

1.Труд ко́рмит, лень же по́ртит.
2.Муж хоте́л купи́ть маши́ну, жена́ же не соглаша́лась.
3.Она́ что́-то бы́стро говори́ла, он же не обраща́л внима́ния.
4.Колле́ги его́ не люби́ли, студе́нты же обожа́ли.

② 接続詞《 . . . , одна́ко . . . 》を伴う並列複文
：《〜、しかしながら〜；〜、とはいえ〜》

例文８.

1.Мы хоте́ли пое́хать на мо́ре, одна́ко совсе́м не́ было вре́мени.
2.Алексе́й не вы́спался, одна́ко настрое́ние бы́ло превосхо́дное.
3.Мно́гие хотя́т стать знамени́тыми, одна́ко не у всех э́то получа́ется.
4.Студе́нтам на́до ходи́ть на заня́тия, одна́ко они́ ча́сто прогу́ливают.
5.Мы не зна́ем его́, одна́ко он зна́ет нас.

③ 接続詞《 . . . , то́лько . . . 》を伴う並列複文
：《〜、ただし〜》

例文９.

1.Я бы мог показа́ть вам Москву́, то́лько сего́дня я за́нят.

2.Весь дом спи́т, то́лько одно́ окно́ све́тится.
3.Мой друг о́чень спосо́бный челове́к, то́лько занима́ется он ма́ло.
4.Он мо́жет стать хоро́шим учи́телем, то́лько ему́ не хвата́ет стро́гости.
5.У неё есть спорти́вные спосо́бности, но то́лько она́ ма́ло трениру́ется.

④ 接続詞 《 . . . , зато́ . . . 》 を伴う並列複文
： 《〜、しかしその代わり . . . 》

例文１０．

1.В похо́де иногда́ бы́ло о́чень тру́дно, но зато́ мы уви́дели мно́го краси́вых мест.
2.Я потра́тил мно́го вре́мени на подгото́вку к экза́менам, но зато́ материа́л знаю хорошо́.
3.Они́ ма́ло отдыха́ют, зато́ мно́го зараба́тывают.
4.Они́ мно́го не зарабо́тали, зато́ получи́ли удово́льствие.

文法４

従属複文（その１）

＜内容説明の従属複文（Ⅰ）＞

・・・接続詞(**сою́зы**)を用いた「内容説明」の従属節を伴った従属複文

＊　一般に「内容説明」の従属複文では、主節には意味的な拡大を必要とする語、又は語群が存在し、主節は従属節を伴うことで構造的にも、意味論的にも完結したものとなる。この場合に従属節は、主節の中の発話、思考、知覚、感覚、状態、願望、うながしなどの意味を持つ語、または評価を表わす語と関係している。
「内容説明」の従属複文の従属節には、接続詞を用いた従属節と接続語を用いた従属節がある。（この課では、先ず前者を扱う。）

＊　従属節が関係する主節中のこれらの語は、通常は動詞であるが、上述の様な発話、思考、知覚などの意味を持ち、主に動詞から派生した名詞か、又は時には副動詞や、情緒的状態、又は意志的状態の意味を持った形容詞短語尾形や、状況のカテゴリー語（слова́ катего́рии состоя́ния）である述語的副詞などが用いられる。
この場合に、従属節を主節に結び付けるために従属節で用いられる接続詞は、что,　что́бы,　бу́дто,　как,　как бу́дто,　сло́вно,　ли,　бу́дто бы,　как бы не,　что́бы не などである。

１）接続詞《 ...，**что**... 》を伴う従属複文
：この接続詞を用いた「内容説明」の従属節は、その真偽とは無関係に伝達される事実の確認を行う場合に使用される。

① 従属節が結びつく主節中の語
：この場合には、従属節は、主節中の以下の語の内容を説明している。
（a）動詞
（主体は主格）
говори́ть,　переда́ть,　сообщи́ть,　рассказа́ть,　ду́мать,　знать,　понима́ть,　по́мнить,　наде́яться,　ве́рить,　уви́деть,　услы́шать,　чу́вствовать,　благодари́ть,　ра́доваться,

удивля́ться, реши́ть, сомнева́ться, узна́ть, писать, забы́ть, боя́ться, дока́зывать, доба́вить, повтори́ть など
（主体は与格）
ка́жется, чу́вствуется, нра́вится など
（主体は対格）
удивля́ет, ра́дует, успока́ивает, беспоко́ит, поража́ет など
（主体なし）
быва́ет, ока́зывается, счита́етсяなど

(b) 形容詞の短語尾形；
рад, дово́лен, уве́рен, благода́рен, сча́стлив, согла́сен, прав など

(c) 形動詞、述語的副詞、副動詞；
поня́тно, пло́хо, ва́жно, хорошо́, изве́стно, прия́тно, я́сно, слы́шно, решено́, спаси́бо, счита́я, ра́достно, удиви́тельно, неприя́тно, жаль, стра́нно, стра́шно, возмо́жно など

(d) 名詞；
слух, изве́стие, мысль, сообще́ние, мне́ние, уве́ренность, обеща́ние, предложе́ние, подозре́ние, вы́вод, страх, замеча́ние, сча́стье, несча́стье, беда́, го́ре, догово́р など

例文１.

1.Желту́хину понра́вилось, что внутри́ до́мика темно́.（А. Т.）
2.Быва́ет, что писа́тель с увлече́нием пи́шет, а чита́тель без увлече́ния чита́ет.（А. Т.）
3.Дока́зано, что на Вене́ре есть атмосфе́ра.
4.Ви́ктор сказа́л, что в воскресе́нье он бу́дет за́нят.
5.Чу́вствуется, что ско́ро пойдёт дождь.
6.Ма́ша сча́стлива, что ты за́нял пе́рвое ме́сто в соревнова́ниях.

② 従属節の主語としての人称代名詞の省略
：主節と従属節の双方が人称文であり、しかも行為者が同一である場合には、主節の主語が名詞であるか人称代名詞であるかによって、従属節の主語としての人称代名詞は省略されたり、されなかったりする。

（a） 主節の主語が普通名詞、又は固有名詞である場合には、従属節の主語としての三人称の人称代名詞は省略されうる。

主節と従属節の主語が同一の人称代名詞である場合には、従属節の主語としての人称代名詞は、特に強調する必要がある場合を除き、通常は省略される。

例文２.

1.Он поду́мал, что и́менно он до́лжен взя́ться за э́ту рабо́ту.
2.Я сказа́л ма́льчикам, что заблуди́лся.（Т.）
3.Он уже́ говори́л, что ско́ро пое́дет в Каза́нь...（М. Г.）
4.Гла́вный инжене́р сказа́л, что вернётся то́лько к ве́черу.
5.Я реши́л, что бу́ду бо́льше занима́ться изуче́нием языка́.

（b） 主節が無人称文で、従属節が人称文であり、しかも双方の節の論理的な動作主体が同一である場合には、従属節の主語としての人称代名詞は通常省略されない。

例文３.

1.Мне жаль, что я не име́ю ещё э́того пра́ва.（Л.）
2.Я прихожу́ к ве́черу уста́лый, голо́дный, но мне ка́жется, что за́ день я вы́рос, узна́л что́-то но́вое, стал сильне́е.（М. Г.）
3.Мне ста́ло очеви́дно, что я не вы́ясню э́того вопро́са без по́мощи профе́ссора.
4.Ему́ ста́ло я́сно, что он до́лжен иска́ть друго́е реше́ние э́той зада́чи.

２）接続詞 《 ..., **бу́дто（бу́дто бы）**... 》を伴う従属複文

：この接続詞が「内容説明」の従属節で用いられるのは、確信のない、予想されうる、有り得る事実に関して伝達される場合である。従属節が結合する主節中の語の語彙的意味が、事実の明白さ、事実に対する確信についての内容を持つ場合には、この接続詞は用いられない。

しかし、主節における伝達が話者自身によって行われておらず、しかも主節の行為者が、伝達される事実、又はあり得る事実の真偽について疑いを持っていないのに、従属節の行為者が確信をくつがえしている場合には、この接続詞が用いられ得る。

この場合には、従属節が結合する主節中の語は、伝達、思考、知覚の意味を持つ次の様なものである。

расска́зывать, сообща́ть, сказа́ть, написа́ть, переда́ть, ду́мать, слы́шать, чу́вствовать, представля́ть; ка́жется, слу́хи など

例文４.

1.О нём хо́дят слу́хи, бу́дто он заняся́ хле́бной торго́влей и разбогате́л си́льно.（Т.）

2.Мне пе́редали, бу́дто э́то вы мне звони́ли вчера́.

3.Ему́ показа́лось, бу́дто где́-то скри́пнула дверь.

4.По вечера́м мне ка́жется, бу́дто я слы́шу го́лос ма́тери.

5.Ра́ньше я счита́л, бу́дто хоро́шим преподава́телем мо́жет стать ка́ждый.

３）接続詞 《..., **как** ...》を伴う従属複文

：この接続詞を用いた「内容説明」の従属節は、主節の中の知覚の意味を持つ語、又は語群に従属節が関係する場合に使用される。この場合には、接続詞 что を用いた「内容説明」の従属複文とは異なり、動作の実行の性格や、プロセスやその結果に注意が向けられている。主節で用いられる語は、次の様なものである。

наблюда́ть, расска́зывать, сообща́ть, ви́деть, ви́дно, слы́шать, ду́мать, забы́ть, слы́шно, замеча́ть, по́мнить, заме́тно, вспомина́ть, чу́вствовать, など

例文５.

1.Чу́вствуется, как приближа́ется зима́.

2.Слы́шно бы́ло, как где-то далеко́ в ро́ще пе́ли пти́цы.

3.Она́ и сама́ не заме́тила, как всё в её жи́зни ста́ло свя́зано с Алёшей.（Г. Ник.）

4.Тогда́ Ники́те предста́вилось, как бу́дет хорошо́ жить всем вме́сте.

5.Я ви́дел, как Серёжа поверну́л за́ угол.

6.В расска́зе опи́сано, как ма́льчик спас соба́ку.

４）接続詞《..., **что́бы**...》を伴う従属複文

（a） 主節に願望、依頼、要求、必要、志向、助言、命令を意味する語があり、従属節がそれらの語の内容を表わす場合には、従属節では接続詞 чтóбы が用いられ、述語は仮定法の形をとる。
この場合には、従属節が関係する主節中の語としては、次のようなものがある。

разрешáть, хотéть, предлагáть, совéтовать, проси́ть, трéбовать, заставля́ть, запрещáть, старáться, мечтáть, приказáть, хóчется, трéбуется；нáдо, нýжно, необходи́мо, вáжно； разрешенó, запрещенó；прóсьба, желáние, совéт など

例文６．

1. Отéц потрéбовал, чтóбы я éхала с ним.（А. Т.）
2. Нýжно, чтóбы лóдка былá большóй и крéпкой.
3. Вели́кий украи́нский поэ́т Шевчéнко завещáл, чтóбы егó похорони́ли на рóдине, на высóком берегý Днепрá.
4. Э́тот студéнт прóсит, чтóбы вы помогли́ емý.
5. Вáжно, чтóбы худóжник нашёл свой стиль.

（b） 主節で用いられている「発話」の意味を持つ述語動詞が、文中で願望、志向などの補足的な語彙的意味を帯びる場合には、「内容説明」の従属節は、接続詞 что ではなく、чтóбы によって主節に結合される。この場合には、接続詞 чтóбы を用いた「内容説明」の従属節を接続詞 что + дóлжен（нáдо, нýжно, необходи́мо）+不定形の形態をした「内容説明」の従属節に替えることが可能である。この際に主節で用いられ得る語は、次の様なものである。
сказáть（говори́ть）, звони́ть, передáть, напóмнить, написáть など

例文７．

1. Мне позвони́ли, чтóбы я пришёл зáвтра в 7 часóв на собрáние.
2. Дерсý закричáл ти́гру, чтóбы он уходи́л прочь.（Арс.）
3. Наш преподавáтель напóмнил нам, чтóбы в понедéльник мы принесли́ на урóк нýжную кни́гу.
4. Кóстя сказáл, чтóбы вéчером я зашёл к немý за тетрáдью.
5. Отéц написáл, чтóбы я пришёл егó встречáть.

(c) 接続詞 чтóбы を伴った「内容説明」の従属節は、主節の中の動詞 люби́ть, нрáвиться, ненави́деть, привы́кнуть などに従属節が関係する場合にも用いられ得る。このケースでは、文は一般化の性格を帯び、接続詞 когдá, éсли を伴った従属節に替えることが可能である。

例文８.

1.Я óчень люблю́, чтóбы свети́ло я́ркое сóлнце.
2.Жи́тели э́того сéверного городкá не привы́кли, чтóбы веснá начинáлась так рáно.
3.Васи́льев ненави́дел, чтóбы егó отрывáли от рабóты.
4.Мне нрáвится, чтóбы в кóмнате бы́ли свéжие цветы́.

(d) 従属節で伝達される事実の真偽に対する疑惑、不信の意味を主節で表わす場合には、主節中の語、又は語群に関係する「内容説明」の従属節では、接続詞 чтóбы が用いられ得る。

：この場合には、従属節では接続詞 что を用いることは可能であるが、чтóбы を伴う場合の方が疑惑、不信の程度は大きい。
＊ このケースで、主節で用いられる語、又は語群は、次の様なものである。
сомневáться, не дýмать, не ви́деть, не слы́шать, нельзя́ сказáть, не ви́дно, незамéтно, など

例文９． 次の左右の文を比較しなさい。

1. Не ви́дно, чтóбы больнóй выздорáвливал.	1. Не ви́дно, что больнóй выздорáвливает.
2. Незамéтно бы́ло, чтóбы он раскáялся.	2. Незамéтно бы́ло, что он раскáялся.
3. Кóля никогдá не дýмал рáньше, чтóбы в корóткий срок мóжно бы́ло доби́ться таки́х результáтов в изучéнии языкá.	3. Кóля никогдá не дýмал рáньше, что в корóткий срок мóжно доби́ться таки́х результáтов в изучéнии языкá.
4. Я сомневáюсь, чтóбы он овладéл языкóм зá год.	4. Я сомневáюсь, что он овладéет языкóм зá год.
5. Я не представля́ю себé, чтóбы ты не вы́полнил э́того задáния.	5. Я не представля́ю себé, что ты не вы́полнишь э́того задáния.

(e) 「内容説明」の従属節が、何らかの例外的な事実を表わし、その事実に対する驚嘆や感嘆、時には憤慨の意味を持つ主節中の語群に従属節が関係するか、又は主節で反語が用いられている場合には、従属節では接続詞 чтобы を伴う。
＊ この場合に、主節で用いられる語群は次のようなものである。
ре́дко ви́дел（слы́шал）， никогда́ не ви́дел（слы́шал），
ви́дел（слы́шал）ли など

例文１０．
1.Я ре́дко слы́шал， что́бы так хорошо́ пе́ли.
2.Я никогда́ не ви́дел ра́ньше， что́бы цветы́ бы́ли таки́ми кру́пными.
3.Где ты слы́шал， что́бы культу́рный челове́к употребля́л таки́е слова́！
4.Не ду́маю， что́бы ты реши́л э́ту зада́чу.
5.Ви́дел ли ты， что́бы в ко́мнате студе́нта был тако́й беспоря́док！

５）接続詞 《 ...，**как бы ... не ...** 》，《 ...，**что́бы ... не ...** 》を伴う従属複文
：《...するのではないかと...；...せねばよいがと...》

(a) 主節において懸念や不本意、不安などを表わす語が用いられ、従属節がそれらの語の内容を表わす場合には、「内容説明」の従属節は、接続詞 как бы не 、よりまれには что́бы не を伴って主節に結びつけられる。

：この際には、従属節の助詞の не は否定の意味を持たず、述語動詞の直前に置かれ、しかも従属節で使用される動詞は、常に完了体の過去時制か、又は完了体不定形である。

＊ この様な「内容説明」の従属複文の主節で用いられる語は、次の様なものである。
боя́ться， страх， опасе́ние， беспоко́йство，
беспоко́итьсяなど

例文１１．
1.Ве́ра Ива́новна опаса́лась， как бы до́чка не увлекла́сь э́тим несерьёзным челове́ком

2.Мать боя́лась, как бы её сын не попа́л в беду́.

3.Оте́ц сове́товал ребя́там гуля́ть на опу́шке из стра́ха, как бы они́ не заблуди́лись в лесу́.

4.Ви́ктор предложи́л Ма́ше е́хать на такси́ из опасе́ния, как бы они́ не опозда́ли в теа́тр.

(b) 接続詞 как бы не, что́бы не を伴った「内容説明」の従属節は、文中で表現されている懸念や不本意のニュアンスがより弱ければ、従属節で用いられるこれらの接続詞を接続詞 что に替えることが出来るが、その場合には従属節の述語動詞は、完了体の未来時制が用いられる。

例文１２． 次の左右の文を比較しなさい。

1. Юра боя́лся, как бы не заболе́ть по́сле лы́жной прогу́лки.	1. Юра боя́лся, что заболе́ет по́сле лы́жной прогу́лки.
2. Ле́кции ко́нчились по́здно, и Та́ня беспоко́илась, что́бы не опозда́ть в теа́тр.	2. Сего́дня ле́кции ко́нчились по́здно, и Та́ня беспоко́илась, что опозда́ет в теа́тр.
3. Мать опаса́лась, как бы сын не забы́л наде́ть тёплый сви́тер.	3. Мать опаса́лась, что сын забу́дет наде́ть тёплый сви́тер.

(c) 主節において、本来は懸念や不本意、不安を表わす述語動詞が否定詞を伴って用いられる場合には、従属節では接続詞 как бы не, чтоб не は用いられず、接続詞 что が用いられる。

例文１３． 次の左右の文を比較しなさい。

1. Он о́чень беспоко́ился, как бы не опозда́ть.	1. Он не беспоко́ился, что опозда́ет.
2. Ми́ша пропусти́л не́сколько уро́ков и тепе́рь опаса́лся, как бы не отста́ть от това́рищей.	2. Он рабо́тал в саду́ без тёплой оде́жды, но не опаса́лся, что заболе́ет.
3. Худо́жник боя́лся, как бы осе́нние дожди́ не помеша́ли ему́ зако́нчить карти́ну.	3. Худо́жник не боя́лся, что осе́нние дожди́ помеша́ют ему́ зако́нчить карти́ну.

4. Он боя́лся, что́бы не заболе́ть. 4. Он не боя́лся, что заболе́ет.

6） 接続詞《 . . . , . . . **ли** . . . 》、《 . . . , . . . **или**. . . 》、《 . . . , . . . **ли** . . . **или** . . . 》を伴う従属複文
：《. . . かどうか〜》

(a) 従属節で表わされる事実の現実性に対する疑惑や、確信のなさが主節で表現されるような「内容説明」の従属複文では、従属節で接続詞 ли を伴う。この場合に、ли は従属節で強調される語の次の位置に置かれる。

＊ この種の複文の主節で主に用いられる語、又は語群は次の様なものである。
спроси́ть, ду́мать, ждать, сомнева́ться, не знать, не по́мнить, интере́сно, вопро́с, неизве́стно など

例文１４.
1.Ники́та при жи́зни отца́ не знал, лю́бит ли его́. (М. Г.)
2.Ей интере́сно знать, не бою́сь ли я е́хать на Се́вер.
3.Ва́ля спроси́ла, уме́ю ли я чита́ть по-англи́йски.
4.Э́то ещё вопро́с, суме́ешь ли ты вы́полнить моё поруче́ние!
5.Я не по́мню, верну́л ли я вчера́ И́горю его́ тетра́дь.
6.Вы не слы́шали, бу́дет ли в суббо́ту собра́ние?

(b) 従属節で表現されている事実の二者択一のニュアンスが強調される場合には、「内容説明」の従属節では接続詞 или が用いられる。その際に接続詞 или は、選択される物体、又は現象を示す語の間に置かれる。

例文１５.
1.Не могу́ я никаќ реши́ть, согласи́ться ли мне на э́то предложе́ние или отказа́ться.
2.Тру́дно сказа́ть, смогу́ я до за́втра прочита́ть э́ту кни́гу или нет.
3.Неизве́стно, отда́ст он мне сего́дня мою́ тетра́дь или забу́дет её принести́.
4.Не зна́ю, получу́ я сего́дня свою́ кни́гу или нет.
5.Я ду́маю , сто́ит е́хать мне в воскресе́нье за́ город или не сто́ит.
6.Хоте́лось узна́ть, в кино́ или в теа́тр мы пойдём ве́чером.

文法５

従属複文（その１の１）

＜内容説明の従属複文（Ⅱ）＞

･･･接続語（Сою́зные слова́）を用いた「内容説明」の従属節を伴った従属複文

：「内容説明」の従属節が主節に結合する場合に、接続詞は従属節では文の成分にはならないが、接続語は、従属節に於ける文の成分となっていて、場所、時、理由・原因、対象などの補足的な意味内容を担う。接続語としては、しばしば強いアクセントで強調される疑問・関係代名詞又は副詞が用いられる。

従属節が関係する主節中の語は、発話、思考、知覚の意味を持つ。

従属節の接続語として用いられる主なものは、кто, что, чей, ско́лько, как, где, куда́, отку́да, когда́, почему́, заче́м などである。

例文１　左右のペアになった文を比較しなさい。

1. Мне сообщи́ли, когда́ до́лжен прийти́ по́езд.	1. Мне сообщи́ли, что по́езд до́лжен прийти́ в де́вять часо́в.
2. Пе́тя рассказа́л, ка́к он отдыха́л.	2. Пе́тя рассказа́л, что он отдыха́л хорошо́.
3. В письме́ мой брат написа́л, куда́ он пое́дет ле́том и где́ проведёт свой о́тпуск.	3. В письме́ мой брат написа́л, что ле́том он пое́дет на Кавка́з и там проведёт свой о́тпуск.
4. Ста́ло изве́стно, где́ постро́ят шко́лу.	4. Ста́ло изве́стно, что здесь ско́ро постро́ят шко́лу.

1）接続語 《 ..., что... 》 を伴った「内容説明」の従属複文

：接続語 что は従属節に於ける主語、補語などの文の成分となっていて、その役割にしたがって格変化する。

例文 2

1.Мать понима́ла, что́ так си́льно заинтересова́ло её ребёнка.
2.Весь день Тама́ра ду́мала, что́ ей ска́жет Ви́ктор.
3.Я тепе́рь по́нял, чем я до́лжен занима́ться.
4.Он по́нял, чему́ он до́лжен удели́ть осо́бое внима́ние.

2）接続語 《 ..., как... 》 を伴った「内容説明」の従属複文

：接続語 как は、従属節に於ける文の成分としては、動作の様態の状況語となっており、強いアクセントで強調される。この場合には接続語 как は、接続詞の как とは異なり、接続詞 что の同義語ではなく、каки́м о́бразом, наско́лько, до како́й сте́пени と同義になり、これらと交替が可能となる。

＊すべての接続語の内で、「内容説明」の従属節で用いられるだけでなく、同音異義的な接続詞として他の従属節でも用いられるのは、что と как の二語のみである。

例文 3

1.Учени́к хорошо́ знал, ка́к на́до отвеча́ть на э́тот вопро́с.
2.Он не знал, ка́к реши́ть э́ту сло́жную зада́чу.
3.До́ктор ду́мал, ка́к облегчи́ть страда́ния больно́го, ка́к ему́ помо́чь.
4.Андрю́ша узна́л у прохо́жего, ка́к быстре́е вы́йти к дере́вне.
5.Ему́ хоте́лось расспроси́ть Ва́ню, ка́к попа́ла ну́трия из Аргенти́ны в э́ти места́.
6.Ка́к вы у́читесь, мы зна́ем.

3）接続語 《 ..., кто... 》、《 ..., чей ... 》、《 ..., ско́лько... 》、《 ..., где... 》、《 ..., когда́... 》、《 ..., куда́... 》、《 ..., отку́да...》、《 ..., заче́м... 》、《 ..., почему́... 》、《 ..., како́й...》、《..., наско́лько... 》、《 ..., отчего́... 》 などを伴った「内容説明」の従属複文

：これらの接続語も、従属節に於ける何らかの文の成分となっていて、種々の補足的意味内容を担っているが、従属節中ではたすその役割、機能によって使い分けられる。

例文 4

1.Так я и не суме́л узна́ть, куда́ уе́хала э́та де́вушка.
2.Ба́бушка ника́к не могла́ поня́ть, заче́м вну́ку ну́жен компью́тер.

3.Интере́сно узна́ть, почему́ в мо́ре вода́ солёная.
4.Воло́дя не сказа́л, когда́ вернётся домо́й.
5.До́лго втроём сиде́ли мы в саду́ , и Мару́ся нам расска́зывала, где была́, что де́лала и что ви́дела. (Гайд.)
6.Не понима́ю, отчего́ он реши́л не приезжа́ть.

文法６

従属複文（その１の２）

＜内容説明の従属複文（Ⅲ）＞

１）主節と「内容説明」の従属節の述語動詞の時制の相関関係

：「内容説明」の従属複文では、従属節の時制は、主節の述語動詞の時制とは無関係に、種々の形態を取り得る。この場合の従属節の時の形態は、発話時点を基準とするものではなく、主節の時制との相対的な時制である。

（１）従属節において現在形の動詞が用いられる場合。

（ａ）従属節の動詞によって表現されているのは、主節の動詞によって表現されている動作との同時的な動作である。つまり従属節の現在形の動詞は主節の動作との同時性を表わす。

例文１

1. Я { утвержда́ю / утвержда́л / бу́ду утвержда́ть } ,что ты допуска́ешь оши́бку.
2. Ма́льчик { почу́вствовал / чу́вствует } , что тяжёлая ладо́нь старика́ вздра́гивает.
3. Я лежа́л с закры́тыми глаза́ми и слу́шал, как стиха́ет ве́тер и наступа́ет тишина́.
4. Ма́льчик ду́мал, ка́к мо́жно спасти́ соба́ку.

（ｂ）従属節の動詞によって表現されているのは、恒常的な動作である。

例文２

1. Я { утвержда́ю / утвержда́л / бу́ду утвержда́ть } , что э́та река́ впада́ет в большо́е о́зеро.

2. Он слу́шал и ду́мал, что ничто́ так не помога́ет, как дру́жба и любо́вь.
3. По ста́рому о́пыту я знал, что при таки́х обстоя́тельствах ры́ба перестаёт клева́ть.

（2） 従属節において動詞の過去形が用いられる場合。

：この場合には、従属節の動作は主節の動作に対する先行性を示す。

（a） 従属節で不完了体動詞の過去形によって表現される動作は、主節の述語動詞によって表わされる動作よりも以前に行われたことを意味するが、従属節の動作がかならずしも完結しているわけではない。

例文3

1. Я { утвержда́ю / утвержда́л / бу́ду утвержда́ть }, что ра́ньше э́та река́ впада́ла в большо́е о́зеро.

2. Я { по́мню / по́мнил }, что тяжёлая ладо́нь старика́ вздра́гивала.

3. Мой друг говори́т, что хорошо́ учи́лся в шко́ле.

（b） 従属節で完了体動詞の過去形によって表現される動作は、主節の述語動詞によって表わされる動作よりも以前に、既に完結していることを示す。

例文4

1. Я { утвержда́ю / утвержда́л / бу́ду утвержда́ть }, что ты соверши́л оши́бку.

2.Мне { показа́лось / ка́жется } , бу́дто Светла́на усну́ла.

3.Ко́ля дово́лен, что он хорошо́ подгото́вился к экза́менам.

（3）従属節で動詞の未来形が用いられる場合

：この場合には従属節の動作が主節の述語動詞によって示される動作よりも後の動作であることを表わしている。つまり、主節の動作に対する従属節の動作の後続性を表現する。

例文 5

1. Я { утвержда́ю / утвержда́л / бу́ду утвержда́ть } , что ты соверши́шь оши́бку, е́сли бу́дешь поступа́ть так.

2.Мой друг говори́т, что бу́дет хорошо́ учи́ться в институ́те.

3.Твой брат расска́зывал, что он бу́дет изуча́ть в аспиранту́ре.

4.Наш преподава́тель сказа́л, что че́рез неде́лю бу́дет контро́льная рабо́та.

5.Мне говори́ли, бу́дто в э́том уче́бном году́ мы не бу́дем сдава́ть экза́мены.

2）「内容説明」の従属節の接続詞、又は接続語と相関関係にある指示代名詞 то の主節における用法

（1）「内容説明」の従属節が、接続詞、又は接続語と相関関係を持つ主節の代名詞 то に結びつく場合。

：この場合には、従属節は主節の代名詞の具体的内容を深く掘り下げることになり、代名詞 то は主節における役割に応じて種々の形態をとる。

例文 6

1.Она́ уже́ мно́гое понима́ла из того́, что говоря́т они́ о жи́зни. . .（М. Г.）

2.Она́ сно́ва говори́ла им о том, что бы́ло но́во для неё и каза́лось ей о́чень ва́жным.

3.Бо́льше всего́ её удивля́ло то, что он не знал об э́том.

4.Студе́нта Чу́ркина руга́ли за то, что он постоя́нно спит на ле́кциях.

5.Ко́ля спроси́л о том, чем мы занима́лись на после́днем уро́ке.

6. Ты по́нял то, чего́ не понима́ют поро́й да́же о́чень у́мные лю́ди. (К. П.)

（a）主節において相関的な指示代名詞 то と動詞を含む安定した語結合が用いられる場合がある。
：　состоя́ть в том;　заключа́ться в том;　исходи́ть из того́;　нача́ть(ся) с того́;　ко́нчить(ся) тем　など

例文７

1. Сло́жность да́нного экспериме́нта заключа́ется в том, что он тре́бует дли́тельного вре́мени.
2. Зако́нчился спекта́кль тем, что гла́вный геро́й победи́л всех свои́х враго́в.
3. Мы на́чали ве́чер с того́, что предложи́ли всем потанцева́ть.
4. Он на́чал изуче́ние языка́ с того́, что купи́л са́мый большо́й слова́рь.

（b）主節において、名詞と指示代名詞 то との語結合が用いられる場合がある。
：　ра́дость в том;　ра́зница в том;　вопро́с в том;　пробле́ма в том;　причи́на в том;　мы́сли о том;　наде́жда на то;　тру́дность в том;　де́ло в том　など

例文８

1. Ра́зница ме́жду ни́ми в том, что Пётр всегда́ найдёт вы́ход из тру́дного положе́ния.
2. Он нашёл утеше́ние в том, что ка́ждый день перечи́тывал её пи́сьма.
3. Тру́дность была́ в том, что Воло́дя не знал её а́дреса.
4. Вся наде́жда на то, что вы меня́ хорошо́ поймёте.

（2）　主節で、相関的な代名詞 то の使用が義務的である場合
：このケースでは、相関的な指示代名詞 то を伴った文が、この代名詞を伴わない文と同義的である場合と、この相関的な代名詞の使用が必要不可欠である場合がある。
「内容説明の」従属複文の主節で、相関的な指示代名詞の使用が義務的であるのは、次の様な場合である。

①　従属節と同種である様な「文の成分」が、代名詞 то 以外にも更に主節中に存在する場合。

a）代名詞 то と同種の「文の成分」が主節中で列挙されている場合。

例文９

1.Ему́ бы́ло изве́стно мно́гое, то, о чём други́е ещё не подозрева́ли.
2.Он дога́дывался о случи́вшемся, о том, что должно́ бы́ло произойти́.
3.Наконе́ц Алексе́ев пове́рил в свою́ уда́чу, в то, что упо́рный труд увенча́ется успе́хом.
4.Она́ ду́мала и о Ната́ше, и о свое́й мо́лодости, и о том, как что́-то неесте́ственное и стра́шное есть в э́том предстоя́щем бра́ке Ната́ши с кня́зем Андре́ем.（Л. Т.）

b）主節中の相関的な代名詞 то と、その同種の「文の成分」のいずれか一方が肯定され、他方が否定される場合

例文１０

1.Я ра́дуюсь не тому́, что ты переезжа́ешь в друго́й го́род, а тому́, что у тебя́ бу́дет интере́сная рабо́та.
2.Он ду́мал не о том, как прошло́ собра́ние, а о своём неуда́чном докла́де.
3.Я говорю́ не о том, что бы́ло вчера́, а о том, что бы́ло сего́дня.
4.Влади́мир Васи́льевич мечта́л не о сла́ве, а о том, что́бы рабо́тать в хоро́шем теа́тре.

②主節中の相関的な代名詞 то, 又はそれを含む語結合に強調の助詞の то́лько, лишь, и́менно などがつく場合

例文１１

1.Бесспо́рно лишь то, что большинство́ таки́х поэти́ческих слов свя́зано с на́шей приро́дой.
2.Тако́е ударе́ние объясня́ется и́менно тем, что сло́во “шофёр” заи́мствовано из францу́зского языка́.

３）主節に対する「内容説明」の従属節の位置

：「内容説明」の従属節は、通常は主節の後に位置するが、意味的アクセントが従属節にある場合には、主節の前に置くことが出来る。

（1）「内容説明」の従属節が、疑問・関係代名詞、又は疑問・関係副詞によって主節に結び付けられている場合
：このケースでは主節と従属節の倒置はより度々生じ、文は高揚した情緒的表現のニュアンスを帯びる。

① 後続の主節に、相関的な指示代名詞 то を用いない場合

例文１２

1.Каки́ми бу́дут оконча́тельные результа́ты о́пытов, мы ещё не мо́жем предсказа́ть.
2.Куда́ и́менно студе́нты пое́дут ле́том, в институ́те ещё не реши́ли.
3.Наско́лько тру́дной ока́жется э́та зада́ча, мы не могли́ предви́деть.
4.Почему́ она́ поки́нула дом, никто́ из бли́зких и друзе́й не мог догада́ться.
5.Что во́лки жа́дны, вся́кий зна́ет.（Кр.）

② 後続の主節で代名詞 э́то を то の替わり用いる場合
：主節に相関的な指示代名詞の то がある複文の主節と従属節の順序の変化に際しては、代名詞 то は用いられず、替りに代名詞 э́то が用いられる。しかし、主節に相関的な指示代名詞 то が用いられていない場合でも、節の順序の変化に際して、代名詞 э́то が用いられ得る。

例文１３　　左右の文を比較しなさい。

1. Я тепе́рь уже́ забы́л о том, где и́менно стои́т их дом.	1. Где и́менно стои́т их дом, об э́том я тепе́рь уже́ забы́л.
2. Я замеча́ю, что он стал ко мне лу́чше относи́ться.	2. Что он ко мне стал лу́чше относи́ться, э́то я замеча́ю.
3. Я ему́ ещё раз сказа́л вчера́, что́бы он пришёл ро́вно в во́семь.	3. Что́бы он пришёл ро́вно в во́семь, об э́том я ему́ ещё раз сказа́л вчера́.

（2）「内容説明」の従属節が、主節の文末以外の位置にある主節中の語に関係する場合
：従属節はその関係する語の直後に置かれ、主節の中に割り込むことになる。

例文１４

1.Врач сказáл, что придёт на слéдующий день, и вы́шел из кóмнаты.

2.Онá былá счáстлива, что так хорошó сдалá экзáмены, и реши́ла срáзу же éхать отдыхáть.

3.Убеждéние, что он недостáточно подготóвлен к экзáменам, преслéдовало егó всё врéмя.

4.В том, как онá смея́лась, чу́вствовалась дóбрая и весёлая душá.

文法 7

従属複文（その２）

＜「定語的」従属節を伴った従属複文＞

＊　「定語的」従属節は、接続語 котóрый, какóй, чей, что, кто, где, кудá, откýда, когдá によって主節中の名詞、又は名詞化した語に結び付けられ、しかも従属節が限定する主節中のこれらの語の後に常に位置する。

例文１

1.Дýет лёгкий и вóльный вéтер, какóй бывáет тóлько в степи́.
2.Наконéц наступи́ла веснá, котóрую все так дóлго ждáли.
3.Кóмнаты дóмика, в котóром жи́ли старики́, бы́ли мáленькие, ни́зкие, но óчень ую́тные.
4.Утро, когдá он вы́ехал и́з дому, бы́ло пáсмурное, но тёплое.
5.От человéка, котóрый сообщи́л э́ту нóвость, я узнáл мнóго интерéсного.

＊　従属節によって限定を受ける主節中の語が定語として代名詞 тот, такóй を伴うケースがあるが、代名詞 такóй は、当該の人、物を類似のものにたとえたり、類似のものと比較する場合に用いられ、代名詞 тот は、当該の人、そのものを示す場合に用いられる。

例文２

1.Э́то был тот сáмый человéк, с котóрым я разговáривал вчерá.
2.Э́то у меня́ привы́чка ещё с тогó врéмени, когдá я жил в общежи́тии.
3.Он уви́дел такýю красотý, котóрую словáми описáть бы́ло невозмóжно.
4.Мы влéзли в тот вагóн, где бы́ло побóльше нарóда. （Пауст.）
5.Я хочý рассказáть вам о тех кни́гах, котóрые сам óчень люблю́ читáть.

１）接続語《 ..., **котóрый** ... 》を用いた「定語的」従属節を伴う従属複文

：主節中で指摘されたある具体的な物、又は人を従属節によって限定する場合に用いられる。つまり従属節では、主節で指摘された具体的な人・物それ自体について言及される。

＊ 接続語 кото́рый の性と数は、主節中の被限定語である名詞と一致するが、格は従属節中の述語、又は他の語との関係に従って決定される。

＊「定語的」従属節において接続語 кото́рый は、主語、合成名辞述語、定語、補語、状況語になる。

例文 3

1.На́дя пошла́ с ребя́тами све́тлым коридо́ром, кото́рый вёл в зал.
2.Мы вы́полнили гимнасти́ческие упражне́ния, кото́рые нам показа́л преподава́тель.
3.Нам интере́сны все но́вые кни́ги, кото́рые привезли́ в библиоте́ку.
4.То сча́стье, кото́рого она́ так ждала́, пришло́ к ней наконе́ц.
5.Мысль, кото́рая у него́ возни́кла, каза́лась неосуществи́мой.

（a） 従属節の述語が、通常は省略される быть の現在形を用いた合成名辞述語である場合には、合成述語の名辞部分が形容詞及び形動詞の短語尾形であるケースを除いて、「定語的」従属節の主語として接続語の кото́рый を用いることは出来ない。

例文 4

1.Еле́на Ива́новна разгова́ривает с детьми́, кото́рые ра́ды встре́че с ней.
2.Я познако́млю тебя́ с молоды́м музыка́нтом, кото́рый о́чень тала́нтлив.
3.Э́та же́нщина поёт рома́нс, кото́рый сейча́с уже́ забы́т.

（b） 「定語的」従属節において、接続語 кото́рый が主語、又は直接補語になっている場合には、кото́рый は従属節の文頭に立つ。しかし кото́рый が従属節中の名詞や、形容詞の比較級や、動詞の不定形の従属語としての文の二次的成分となっている場合には、кото́рый は、通常は文頭ではなく、主要語であるこれらの名詞・形容詞、不定形の後に置かれる。

例文 5

1.Э́то был типи́чный провинциа́льный го́род, жизнь в кото́ром текла́ ме́дленно и ску́чно.
2.Кварти́ра, ключи́ от кото́рой он увёз с собо́й, так и остава́лась закры́той до его́ возвраще́ния.
3.Он пошёл на конце́рт пиани́ста, слу́шать кото́рого для него́ бы́ло больши́м удово́льствием.

4.Мы уви́дели здесь прекра́сные сосно́вые леса́, лу́чше кото́рых ничего́ не встреча́ли.
5.Мы шли све́тлым коридо́ром, о́кна кото́рого выходи́ли в сад.

2）接続語《 ...，како́й ... 》を用いた「定語的」従属節を伴う従属複文

（a） この接続語は、主節中で指摘された物、又は人を従属節で他の類似のものと比較したり、他のものにたとえる場合に用いられる。つまり従属節では、主節で指摘された人、物、それ自体ではなく、他の類似のものや、比較される他のものについて言及される。
もし、比較される物、人が、他の多くの物、人と類似のものである場合には、接続語 како́й は、従属節によって限定を受ける主節中の語の文法的数とは無関係に複数形となる。接続語の格は、それが「定語的」従属節の中ではたす役割によって決定される。

例文6
1.Был тот осо́бенный ве́чер, каки́е быва́ют на Кавка́зе. （Л. Т.）
2.Здесь бы́ли това́ры, каки́х Лось нигде́ не ви́дел. （Сём.）
3.Здесь собира́лись лю́ди, каки́х ны́не и не встре́тишь.
4.Я бы предпочёл име́ть тако́й дом, како́й сейча́с стро́ит мой сосе́д.
5.Здесь бы́ло мно́го цвето́в и трав, каки́х не встре́тишь у нас.

（b） この接続詞を用いた「定語的」従属節が修飾する主節中の被修飾語は、物、人を表わす名詞の他に、相関的代名詞 тако́й を伴った名詞か、又は相関的代名詞 тако́й そのものである場合がある。

例文7
1.Ве́чер оказа́лся таки́м, каки́м обеща́ло у́тро. （М. Г.）
2.У него́ произноше́ние тако́е, како́е быва́ет у люде́й, живу́щих на се́вере.
3.На семина́ре Серге́й сде́лал тако́й докла́д, како́й ре́дко услы́шишь от студе́нта.
4.На́до купи́ть таку́ю же су́мку, каку́ю но́сит Та́ня.
5.У меня́ тако́е чу́вство, како́е быва́ет у челове́ка, хорошо́ вы́полнившего своё де́ло.

3）接続語《 ...，чей... 》を用いた「定語的」従属節を伴う従属複文

：接続語 чей は、主節で語られている人物に所属する物、又は人を従属節の中で表わす被修飾語としての名詞の一致定語として用いられ、「定語的」従属節が結

合する主節中の名詞とは、性、数、格の全ての点で一致の関係を持たない。この場合に従属節では、主節で指摘された人物それ自体ではなく、その人物の所有物について言及される。

従属節が結合する主節中の名詞は、通常は活動体である。

＊ 現代ロシア語では、接続語 чей は主として文語体で使用され、接続語 котóрый の生格形を伴った他の「定語的」従属節で替えることが可能である。

例文８

1.Навстрéчу мне шла жéнщина, чьё лицó показáлось мне знакóмым.
2.Стари́к, чей портрéт виси́т на стенé, был профéссором университéта.
3.По рáдио вы́ступил писáтель, чьи произведéния извéстны во всём ми́ре.
4.Дéвушки, с чьих лиц не сходи́ли улы́бки, привéтливо заговори́ли со мной.

４）接続語《 ..., что... 》を用いた「定語的」従属節を伴う従属複文

（１）「定語的」従属節が限定する主節中の被修飾語が、活動体、又は不活動体の名詞である場合

：この接続語は、接続語 котóрый の同義語であるが、「定語的」従属節では主語としての主格形、及び直接補語としての前置詞を伴わない対格形でのみ用いられる。その際に接続語 что の性と数は、「定語的」従属節が結びつく主節中の活動体名詞、又は不活動体名詞のそれと一致する。

＊ 通常は、接続語 что を伴った複文は、フォークロア、文学作品、詩的テキストで用いられる。

例文９

1.Онá не свóдит глаз с дорóги, что идёт чéрез рóщу.（Гонч.）
2.В стáром пáрке, что неподалёку от нáшего дóма, всегдá прия́тно гуля́ть.
3.Он пошёл по коридóру искáть ширóкую лéстницу, что ведёт на у́лицу.（Кон.）

（２）「定語的」従属節が限定する主節中の被修飾語が、不活動体の名詞の代りに用いられる名詞化した代名詞、又は名詞化した形容詞である場合

（ａ）接続語 что を伴った「定語的」従属節は、この従属節によって限定される主節中の被修飾語が物を表わす名詞化した代名詞の то、всё である場合にも用いられる。接続語 что は、主格、対格以外の形態にもなり得る。

　このタイプの従属複文においては、「定語的」従属節は主節の前、主節の内部、主節の後のいずれの位置にもおかれ得る。

例文１０

1.Нам интере́сно всё, что вы напи́шете.
2.Воробьи́ прово́дят всю зи́му в го́роде, питáясь тем, что найду́т на доро́ге.
3.Все статьи́, что печáтались в э́том журнáле, казáлись емý вáжными и о́чень прáвильными.
4.Хорошо́ то, что други́е хвáлят. (Даль)
5.То, о чём онá мечтáла, сбы́лось наконе́ц.

（b）主節中で不活動体名詞の代りに用いられる相関語と成り得るのは、名詞化した形容詞や、しばしば名詞化した形容詞と代名詞との結合である（то）глáвное, （то）лу́чшее, （то）вáжное, мно́гое（из того́）, что-то нея́сное, （то）немно́гое などである。

例文１１

1.Его́ интересовáло то основно́е, что заключáлось в э́той рабо́те.
2.Он ужé узнáл мно́гое из того́, о чём до́лжен был узнáть.
3.То глáвное, чемý меня́ учи́ли в шко́ле, я старáюсь не забывáть.
4.Мно́гое из того́, что я изучáл в шко́ле, пригоди́лось мне в институ́те.
5.Он бе́режно храни́л то немно́гое, что емý остáлось в насле́дство.

５）接続語《 ..., кто ... 》を用いた「定語的」従属節

：この従属節によって限定される主節中の被修飾語が、人を表わす名詞化した代名詞の тот（те）, все, кáждый, любо́й, вся́кий や不定代名詞 кто-то である場合に用いられる。

(a)　主節におけるこれらの相関代名詞は、主節中で主語、述語、補語になっている。

＊ このタイプの従属複文においては、「定語的」従属節は、主節の前、主節の後のいずれの位置にもおかれ得る。

例文１２

1.В коридо́ре стоя́ли все, комý интере́сно бы́ло узнáть э́ту но́вость.
2.Тот, кто подошёл к нам, оказáлся дире́ктором институ́та.
3.Любо́й, к комý я обращáлся, охо́тно помогáл мне.
4.Никто́ из тех, с кем я разговáривал, не́ был рáньше в Ки́еве.

5.Кто мно́го чита́ет, тот мно́го и зна́ет. （Посл.）

（b） 接続語 кто を用いた「定語的」従属複文の主節における相関代名詞が、略省される場合がある。

例文１３

1.Кто хо́чет пойти́ на экску́рсию, пусть запи́шется у Ни́ны.
2.Кто зна́ет Са́шу, всегда́ ему́ пове́рит.
3.Сча́стлив, кто побыва́л на Алта́е.

６）接続語《 . . . , где. . . 》、《 . . . , куда́. . . 》、《 . . . , отку́да. . . 》、《 . . . , когда́. . . 》を用いた「定語的」従属節を伴う従属複文

（a） 接続語 где, куда́, отку́да を用いた「定語的」従属節が結合する主節中の語は、たいていの場合は空間、場所を表わす名詞であり、従属節では、主節で指摘された物、人それ自体ではなく、それが表わす場所、方向、出発点で行われる事柄について言及される。

＊ 接続語 где, куда́, отку́да は、接続語 кото́рый を用いて変換が可能である。

例文１４

1.Ме́сто, куда́ они́ е́хали, бы́ло никому́ неизве́стным.
2.Са́нину нево́льно вспо́мнился чуде́сный край, отку́да он возвраща́лся. （Т.）
3.Ка́ждое у́тро мы взбира́лись на холм, отку́да хорошо́ была́ видна́ река́.
4.Го́род, где он роди́лся, стои́т на Во́лге.
5.Лес, где расту́т э́ти ре́дкие поро́ды дере́вьев, явля́ется запове́дником.

（b） 接続語 когда́ を用いた「定語的」従属節は、主節中の「時の概念」を意味する次の様な名詞 вре́мя, день, мину́та, век, неде́ля, у́тро などや、直接的には時の概念を表わさない次の様な名詞 слу́чай, состоя́ние, настрое́ние, усло́вия などを限定する。

＊ 接続語 когда́ を用いた「定語的」従属節は、接続語 кото́рый を用いた「定語的」従属節で替えることは通常はない。

例文１５

1.Наста́ла мину́та, когда́ я по́нял всю це́ну э́тих слов. （Гонч.）
2.Не́ было и неде́ли, когда́ бы он не написа́л письма́ домо́й.

3.Бывáет настроéние, когдá человéку хóчется остáться одномý.

4.В жи́зни бывáют таки́е обстоя́тельства, когдá необходи́мо бы́стро приня́ть решéние.

5.Я никогдá не забýду тогó дня, когдá стал студéнтом.

文法８

従属複文（その３）

＜「場所」を表わす従属節を伴った従属複文＞

＊ 「場所」の従属節は、主節中の述語動詞、又は副詞によって表わされる「場所」の状況語にのみ関係する。この場合に、従属節で用いられる接続語はгде, куда́, отку́даである。
これらの接続語は、「定語的」従属節でも用いられるが、その場合には、主節の主として主語、又は補語となっている任意の名詞に関係しており、前置詞を伴った接続語 кото́рый で容易に替えることが出来る。

＊ 主節では、ある場所、空間で行われる動作について述べられ、従属節では、その場所がより明確にされる。

＊ 通常は主節に相関語として代名詞的副詞 там, туда́, отту́да があり得るが、その他に、「場所」の副詞である впереди́, вперёд, спра́ва, нале́во, напра́во, вниз, внизу́, вверх, здесь, всю́ду, везде́ なども置かれる。話し言葉では、これらの相関語の中で、туда́ は度々省略され、отту́да もまれに省略されることがある。

＊ もし「場所」を表わす従属節で強調の助詞の ни が用いられている場合には、文全体が一般化の意味を持ち、主節には、たいていの場合に相関語として副詞の везде́, всю́ду, повсю́ду, нигде́, отовсю́ду がある。

＊ 「場所」を表わす従属節は、従属複文全体の文頭、文末、文中のいずれの位置にも置かれることが可能である。

1） 接続語 《 . . . , где. . . 》を用いた「場所」の従属節を伴う従属複文

例文１

1.Где то́нко, там и рвётся. （Посл.）
2.Где нет любви́ к иску́сству, там нет и кри́тики. （П.）
3.Он уе́хал туда́, где со́лнца не ви́дят ме́сяцами.
4.Где сча́стье, там и ра́дость. （Посл.）
5.Где сме́лость, там и побе́да. （Посл.）

2） 接続語 《 . . . , кудá. . . 》を用いた「場所」の従属節を伴う従属複文

例文２

1.Кудá игóлка, тудá и ни́тка. （Посл. ）

2.Поезжáй , кудá хóчешь.

3.Всю́ду, кудá б он ни приéхал, егó ужé ждáли. （Горб. ）

4.Нигдé, кудá бы я ни обращáлся, я не мог узнáть о судьбé моегó дру́га.

5.Вездé, кудá бы мы ни приезжáли, нас встречáли раду́шно и привéтливо.

3） 接続語 《 . . . , откýда. . . 》 を用いた「場所」の従属節を伴う従属複文

例文３

1.Откýда вéтер, оттýда и дождь. （Посл. ）

2.Он приéхал оттýда, откýда и ты приéхал.

3.Мы реши́ли пойти́ тудá, откýда доноси́лись звýки мýзыки.

4.Их послáли тудá, откýда рéдко кто возвращáлся.

5.Он поéхал тудá, откýда вернýлся егó друг.

文法９

従属複文（その４）

＜「時」の従属節を伴った従属複文＞

＊　主節で言及される動作と従属節で言及される動作が、同時的な動作である場合と、非同時的な動作である場合がある。更に主節と従属節の動作が同時的な場合は、完全な同時性を示すケースと、部分的な同時性を示すケースに区別される。

＊　双方の節で言及される動作の同時性と非同時性は、従属節で使用される接続詞や、双方の節の述語動詞の体と時制の相関関係や、双方の節で用いられる語彙や、文脈全体などの種々の手段によって表現される。

＊　文中における「時の従属節」と主節との配列順序は、原則的には自由であり、通常は従属節は主節の前か、又は後に位置するが、主節に含まれる「時の状況語」を従属節がより明確にする場合には、従属節は主節の内に割り込んで存在することがある。

１）主節と従属節の同時性を示す場合

：接続詞の когда́, пока́, в то вре́мя как, ме́жду тем как, тогда́ как, по ме́ре того́ как などを用いた従属節を伴う。

（１）完全な同時性

：主節と従属節の動作が継続的な動作であれ、反復される動作であれ、双方の節では共に同一の「時」の形態をした不完了体動詞の現在、過去、未来形のいずれかが用いられる。まれに双方の節で共に完了体動詞が用いられることがある。

①　接続詞《 ..., когда́... 》を用いた「時」の従属節を伴う従属複文

例文1

1.Когда́ наступа́ет весна́, ожива́ет вся приро́да.

2.Он мно́го чита́л и писа́л, учи́лся италья́нскому языку́, и, когда́ гуля́л, с удово́льствием ду́мал о том, что ско́ро ся́дет за рабо́ту.（Ч.）

3.Он всегда́ ра́довался, когда́ ви́дел её.
4.Когда́ он рабо́тал в дере́вне, он чита́л мно́го книг о се́льском хозя́йстве.（Пан.）

② 接続詞《 . . . , пока́. . . 》 を用いた「時」の従属節を伴う従属複文

：この接続詞を用いた従属節の動作は、пока́ が接続詞 пока́ не と同義で用いられる場合を除いて、常に主節の動作との同時性のみを表わす。

例文２
1.Пока́ э́то происходи́ло, мы жда́ли на у́лице.
2.Мать, пока́ была́ жива́, стро́го следи́ла за поря́дком в до́ме.
3.Пока́ Воло́дя чита́л, его́ сестра́ внима́тельно наблюда́ла за ним.

③ 接続詞の 《 в то вре́мя как . . . , . . . 》, 《 ме́жду тем как . . . , . . . 》, 《 . . . , тогда́ как . . . 》を用いた「時の従属節」を伴う従属複文。
：《～する一方で…》

例文３
1.На со́лнце бы́ло о́чень жа́рко, тогда́ как в тени́ бы́ло хо́лодно.
2.Она́ Алексе́я ещё не ви́дела, ме́жду тем как все молоды́е сосе́дки то́лько о нём и говори́ли. （П.）
3.В то вре́мя как Га́ля убира́ла ко́мнату, На́дя гото́вила за́втрак.
4.Ахме́д вошёл в ко́мнату в то вре́мя, как зазвони́л телефо́н.

④ 接続詞の 《 по ме́ре того́ как . . . , . . . 》を用いた「時」の従属節を伴う従属複文

：主節と従属節において言及されている動作は、全体的にではなく、各々の動作の進展の度合に応じて対比されている。この場合には、主節と従属節の述語は、共に主として不完了体動詞が用いられ、対象の状態、状況の漸進的変化を表わす。しかし、双方の節で述語が共に完了体動詞の場合もあり得る。

例文４
1.По ме́ре того́ как рабо́та приближа́лась к концу́, мы ещё бо́льше увлека́лись е́ю.
2.По ме́ре того́ как сгуща́лись су́мерки, мне всё бо́льше хоте́лось спать.
3.По ме́ре того́ как он стал выздора́вливать, у него́ улу́чшился аппети́т.
4.По ме́ре того́ как мы приближа́лись к мо́рю, лес станови́лся ху́же и

однообра́знее.（Аж.）

（2）部分的な同時性

：主節と従属節のどちらか一方の節で、不完了体動詞の過去･未来形の述語を用いることで、継続的動作、又は状態を表わし、もう一方の節で完了体動詞の過去･未来形の述語を用いることで、ある範囲に限定された動作を表わす。

つまり、どちらか一方の節で言及されている動作が、もう一方の節で言及される動作の局面の一部とのみ時間的に一致する場合には、一方の節の述語は完了体動詞、もう一方の節の述語は不完了体動詞が用いられる。

しかし、部分的に同時性を持つ動作が反復される場合には、双方の節の述語は共に不完了体動詞が用いられる。

① 接続詞の《 ..., когда́... 》を用いた「時」の従属節を伴う従属複文

（a）主節で言及されている動作が、従属節で言及される動作の局面の一部とのみ時間的に一致する場合には、主節の述語は完了体動詞で、従属節の述語は不完了体動詞によって表現される。

例文 5

1.Он уви́дел её, когда́ поднима́лся по ле́стнице.
2.Ве́чером, когда́ пи́ли чай, неожи́данно пришёл Ива́н.
3.Когда́ мы подъезжа́ли к Москве́, пошёл си́льный дождь.
4.В оди́ннадцать часо́в, когда́ бу́дет совсе́м темно́, до́лжен прибы́ть отря́д рабо́чих.（Фурм.）
5.Когда́ мне бы́ло восемна́дцать лет, я поступи́л в университе́т.

（b）従属節で言及されている動作が、主節で言及されている動作の局面の一部と時間的に一致する場合には、主節の述語は、主に不完了体動詞によって、従属節の述語は完了体動詞によって表現される。

例文 6

1.Оте́ц, когда́ я пришёл к нему́, сиде́л глубоко́ в кре́сле.（Ч.）
2.У́тром, когда́ я просну́лся, со́лнце я́рко освеща́ло мою́ ко́мнату.
3.Когда́ он пришёл, ле́кция уже́ начина́лась.
4.Когда́ я прочита́л э́ту кни́гу, я не ду́мал, что сно́ва верну́сь к ней.

② 接続詞の 《 пока́ ..., ... 》を用いた「時」の従属節を伴う従属複文

：主節で言及される動作が、従属節で伝達される動作と時間的に一部で一致する場合には、主節の述語は完了体動詞が用いられ、接続詞 пока́ を伴った従属節の述語は、不完了体動詞が用いられる。

例文７

1.Пока́ мы выта́скивали из маши́ны обору́дование, Ю́рка сбе́гал на бе́рег.
2.Пока́ он пел, кот Ва́ська всё жарко́е съел. （Кр.）
3.Пока́ това́рищи разгова́ривали, он успе́л сходи́ть в магази́н.
4.Пока́ прие́зжий осма́тривал свою́ ко́мнату, его́ ве́щи бы́ли внесены́.
5.Пока́ мой друг сдава́л экза́мен, я пригото́вил всё необходи́мое для на́шего путеше́ствия.

③ 接続詞の 《 в то вре́мя как ..., ... 》を用いた「時」の従属節を伴う従属複文

：主節において言及される動作が、従属節で言及される動作の局面の一部とのみ一致する場合には、主節の述語は完了体動詞が用いられる。

例文８

1.В то вре́мя как она́ говори́ла, я по́днял глаза́. （Грин）
2.В то вре́мя как она́ выходи́ла из гости́ной, в пере́дней послы́шался звоно́к. （Л. Т.）
3.В то вре́мя как мы подъезжа́ли к Москве́, пошёл дождь.
4.В то вре́мя как он входи́л в аудито́рию, все обрати́ли на него́ внима́ние.

２）主節と従属節の動作の非同時性を示す場合。

：主節で言及される動作と、従属節で言及される動作の時間的な不一致は、主節と従属節の双方の述語が共に完了体動詞の過去・未来形を用いられることによって表わされる。

しかし、この場合にも双方の節の動作が反復される場合には、双方の節の述語は不完了体動詞が用いられる。

従属節の述語として完了体動詞が用いられ、主節では述語として不完了体動詞が用いられる場合もある。

この場合にも主節と従属節の配列順序は原則的には自由であるが、従属節に

おいて突然に実行された動作について言及される場合には、従属節は主節の後に置かれる。その際には従属節では接続詞の когда́,　как,　пока́（не）が用いられ、述語動詞には、常に完了体動詞が用いられ、動作様態の状況語の вдруг, неожи́данно を伴う。主節では、しばしば助詞の уже́,　ещё が用いられる。

（1）従属節の動作が主節の動作に先行する場合

：接続詞の когда́（когда́ вдруг）; по́сле того́ как; с тех пор как, с того́ вре́мени как, с того́ дня как, с того́ ра́за как; как то́лько, едва́, чуть, лишь; не успе́л как, не прошло́ как などを用いた従属複文となる。

① 接続詞の《 когда́ ..., ... 》を用いた「時」の従属節を伴った従属複文
：《～してから…》

：主節で言及される動作が、接続詞 когда́ を伴った従属節において言及される動作に対する後続の動作である場合には、双方の節の述語は共に完了体動詞である。しかし、このケースでは、従属節の述語動詞が完了体未来形で表わされている場合に限って、主節の述語は未来形の不完了体動詞が用いられ得る。

例文９

1.Когда́ я откры́л окно́, моя́ ко́мната напо́лнилась за́пахом цвето́в, расту́щих в скро́мном палиса́днике.（Л.）

2.Когда́ он лёг и усну́л, мать осторо́жно вста́ла со свое́й посте́ли и ти́хо подошла́ к нему́.（М. Г.）

3.Незнако́мец, когда́ его́ разгляде́ли, оказа́лся молоды́м челове́ком лет тридцати́.

4.Когда́ со́лнце ста́ло сади́ться, мы уви́дели о́стров, кото́рый ни на каки́х ка́ртах не зна́чился.（Грин）

5.Вы э́то поймёте, когда́ проживёте здесь ещё не́сколько вре́мени.（П.）

6.Ка́ждый раз, когда́ она́ хоте́ла посове́товаться со мной, она́ звони́ла мне по телефо́ну.

② 接続詞の《 по́сле того́ как..., ... 》を用いた「時」の従属節を伴う従属複文

例文１０

1.Он по́нял зада́ние лишь по́сле того́, как ему́ объясни́ли его́ не́сколько раз.

2.По́сле того́ как вы́глянуло со́лнце, мы отпра́вились гуля́ть.

3.По́сле того́ как я сдал курсову́ю рабо́ту, я реши́л отдохну́ть три дня.
4.Стари́к Пота́пов у́мер че́рез ме́сяц по́сле того́, как Татья́на Петро́вна поселили́сь у него́ в до́ме. （Пауст.）
5.По́сле того́ как ей напо́мнили, она́ наконе́ц вы́полнила своё обеща́ние.

③ 接続詞の 《 с тех пор как . . . , . . . 》, 《 с того́ вре́мени как . . . , . . . 》, 《 с того́ дня как . . . , . . . 》, 《 с того́ ра́за как . . . , . . . 》 などを用いた「時」の従属節を伴う従属複文

：接続詞の с тех пор как, с того́ вре́мени как, с того́ ра́за как などを用いた「時」の従属節を伴う複文では、従属節で言及されている動作の遂行の時から主節で言及されている動作が始まったことを表わす。

例文１１
1.Прошёл уже́ год с того́ вре́мени, как я зако́нчил институ́т и на́чал рабо́тать на производстве.
2.Я не встреча́лся с ним с того́ ра́за, как мы вме́сте бы́ли в консервато́рии.
3.С того́ дня как уе́хал сын, мать не перестава́ла ждать его́.
4.С того́ вре́мени, как мы расста́лись, прошло́ дово́льно мно́го лет.
5.Он заме́тно поседе́л с тех пор, как мы расста́лись с ним.
6.С того́ мгнове́ния, как Воло́дя уви́дел И́ру на пра́зднике, он постоя́нно ду́мает о ней.

④ 接続詞の《 как то́лько . . . , . . . 》,《 едва́ . . . , . . . 》,《 . . . , чуть . . . 》, 《 . . . , лишь . . . 》 などを用いた「時」の従属節を伴う従属複文。：《〜するや否や. . .》

：単純接続詞の лишь, чуть, едва́, то́лько, 複合接続詞の как то́лько, то́лько что, чуть то́лько, лишь то́лько, то́лько лишь, едва́ то́лько, едва́ лишь を伴った「時」の従属節では、主節で言及されている動作が、従属節で言及されている動作の直後に実行されるか、又は実行され始めるということを表わす。

(a) これらの接続詞を用いた「時」の従属複文において、主節と従属節の双方で言及されている動作が、共に一回限りの動作である場合には、双方の節の述語は完了体動詞が用いられ、共に反復される動作である場合には不完了体動詞が用いられる。この場合には、主節と従属節の順序は自由である。

例文１２

1.Едвá я́ркое сóлнце вы́шло из-за горы́ и стáло освещáть доли́ну, волни́стые облакá тумáна рассéялись. （Л. Т. ）

2.Как тóлько он откры́л стáвни, лу́нный свет, как бу́дто он насторожé у окнá ждал э́того, ворвáлся в кóмнату. （Л. Т. ）

3.Кáждая напи́санная кни́га, как тóлько он её закáнчивал, казáлась ему́ ничтóжной, недоскáзанной и непоправи́мо испóрченной. （Пауст. ）

4.Как тóлько откры́лся читáльный зал, я взял кни́гу и сел занимáться.

(b) 主節で相関語の как を用いた場合には、つまり《 тóлько успéть 〜, как . . . 》, 《 едвá 〜, как . . . 》, 《 тóлько 〜, как . . . 》の文では、一方の動作が直接的にもう一方の動作と交代する状況が強調される事になるが、その際には従属節は主節に先行する。

例文１３

1.Едвá я откры́л рот, как с пáлубы закричáли, чтóбы я скорéе подплывáл. （Грин）

2.Тóлько успéли мы отдохну́ть и отобéдать, как услы́шали ружéйные вы́стрелы. （П. ）

3.Едвá я вошёл в кóмнату, как зазвони́л телефóн.

4.Тóлько мы вы́шли и́з дому, как начался́ дождь.

5.Едвá тóлько мы трóнулись в путь, как пошёл дождь. (Арс.)

⑤ 接続詞の《 не успéл . . . , как . . . 》, 《 не прошлó . . . , как . . . 》 を用いた「時」の従属節を伴う複文

：この場合には、主節と従属節の区別は困難であるが、как を伴う節を主節と見なし得る。その際には как は相関語となり、従属節と見なされる節では не успéл 及び не прошлó が述語と接続詞の役割を兼ねていると考えることが出来る。≪〜する間もなく、. . . ；〜もたたない内に. . . 》

例文１４

1.Не прошлó и десяти́ мину́т, как все мотоцикли́сты вновь сéли на маши́ны и помчáлись в гóрод. （Фад. ）

2.Не успéл я написáть письмó дру́гу, как он возврати́лся из дóма óтдыха.

3.Не прошлó и получáса, как мы оказáлись за гóродом.

4.Крестья́нин áхнуть не успéл, как на негó медвéдь насéл. （Кр. ）

5.Не успéл я вы́полнить задáние, как Надéжда Васи́льевна далá мне нóвое.

（2）従属節の動作が主節の動作に後続する場合

：接続詞の как вдруг; перед тем как, до того́ как; пре́жде чем, ра́ньше чем; пока́ не（пока́ вдруг не）, до тех пор пока́ не, до той поры́ пока́ не などを用いた従属複文となる。

① 接続詞の《 . . . , как вдруг . . . 》を用いた「時」の従属節を伴う従属複文

：従属節は、常に主節の後に置かれ、従属節の述語は完了体動詞が用いられる。

例文１５

1.Я внима́тельно слу́шал ра́дио, как вдру́г кто́-то постуча́л в две́рь.
2.Мы уже́ подходи́ли к ним, как вдруг впереди́ нас мелькну́ла же́нская фигу́ра.（Т.）
3.Врач уже́ хоте́л уйти́ домо́й, как вдруг пришёл ещё оди́н больно́й.
4.Он уже́ почти́ засыпа́л, как вдру́г разда́лся звоно́к телефо́на.

② 接続詞《 . . . , до тех пор, пока́ не . . . 》,《 . . . , пока́ не . . . 》,《 . . . до той поры́, пока́ не . . . 》などを用いた「時」の従属節を伴う従属複文

：従属節で言及される動作が、主節で言及される動作にとって時間的な限界である場合には、上述の接続詞が用いられる。この際には、接続詞 пока́ を伴って動作の同時性を表す従属節で不完了体動詞が用いられるケースとは違って、従属節の述語としては完了体動詞が用いられる。

（a） 従属節に含まれる助詞の не は、否定の意味を失って接続詞の一部となり、従属節の述語動詞の直前に置かれる。

例文１６

1.До тех пор, пока́ мы не зако́нчим, домо́й не уйдём.
2.Он пообеща́л никому́ ничего́ не говори́ть до той поры́, пока́ всё и так не ста́нет я́сно.
3.Мы сиде́ли до́ма, пока́ бу́ря не ко́нчилась.
4.Пока́ он сам не съе́здил туда́, он не мог себе́ предста́вить, что тако́е мо́жет быть.
5.Они́ до́лго стоя́ли на высо́ком берегу́, пока́ парохо́д не скры́лся за поворо́том реки́.（Пауст.）
6.Я был соверше́нно споко́ен, пока́ вдруг не обнару́жил, что до отхо́да по́езда

остава́лось всего́ лишь 10 мину́т.

(b) 現代標準語においては、接続詞 пока́ не に含まれる助詞 не を欠落して用いられる場合があるが、その場合にも文の内容は変化しない。

例文１７
1. Он подожда́л, пока́ пришла́ мать.
2. Пройдёт мно́го лет, пока́ мы сно́ва уви́димся.
3. Мне пришло́сь сиде́ть и ждать, пока́ он возврати́тся из шко́лы.
4. Воло́дя до́лжен был лежа́ть в больни́це, пока́ вы́здоровеет.

(c) пока́ не の意味で用いられる接続詞 пока́ を伴って「時」表わす従属節が、動詞の ждать, ожида́ть, дожида́ться を用いた主節の述語に関係する場合には、その従属節は、意味の上からは内容説明の従属節により近くなる。

例文１８
1. Они́ се́ли в углу́ за кра́йний сто́лик и до́лго жда́ли, пока́ официа́нт подошёл к ним и по́дал меню́.
2. Мне пришло́сь дожида́ться, пока́ това́рищ зако́нчит о́пыт и освободи́т ну́жный прибо́р.
3. Я ожида́л, пока́ он реши́т зада́чу и поговори́т со мной.
4. Я ждал, пока́ все соберу́тся.

③ 接続詞の 《 до того́ как ..., ... 》, 《 пе́ред тем как ..., ... 》 を用いた「時」の従属節を伴う従属複文

： この場合には、従属節の述語としては動詞の人称形または不定形が用いられ得る。

例文１９
1. До того́ как идти́ на рабо́ту, он занима́ется у́тренней гимна́стикой, за́втракает, чита́ет газе́ты.
2. До того́ как фи́льм вы́шел на экра́ны кинотеа́тров, его́ пока́зывали в клу́бах.
3. За два го́да до того́, как поступи́ть на филологи́ческий факульте́т, Лёня уже́ чита́л кни́ги по лингви́стике.
4. Пе́ред тем как ко́нчился семина́р, Ната́ша задала́ преподава́телю интере́сный вопро́с.

5.Перед тем как слу́шать о́перу, мы внима́тельно прочли́ либре́тто.

④ 接続詞の《 пре́жде чем . . . , . . . 》,《 ра́ньше чем . . . , . . . 》などを用いた「時」の従属節を伴う従属複文

：この場合にも、従属節の述語は動詞の人称形又は不定形が用いられ得る。

例文２０

1.Пре́жде чем обеща́ть, лу́чше ещё раз обо всём хорошо́ поду́мать.

2.На́до самому́ знать, пре́жде чем учи́ть други́х.（Триф.）

3.Строи́тельство до́ма зако́нчилось ра́ньше, чем предполага́ли.

4.Ра́ньше чем мы полу́чим отве́т из министе́рства, де́лать ничего́ нельзя́.

5.Пре́жде чем поступи́ть на филологи́ческий факульте́т, Ле́ня прочита́л рабо́ты М. М. Бахти́на.

6.Пре́жде чем сде́лать вы́вод, мы тща́тельно изучи́л всю литерату́ру по да́нному вопро́су.

文法 10

従属複文（その５）

＜「理由・原因」をあらわす従属節を伴った従属複文＞

＊　「理由・原因」の従属節を伴う従属複文では、二つの出来事が関連づけられている。つまり、主節で結果として反映されている事柄の理由・原因、論拠、根拠が、従属節では「理由・原因」の接続詞を用いて示される。

１）「理由・原因」の従属複文に於ける一般的規則

（１）従属節と主節の関係

通常、従属節は、主節全体に関係する。しかし、まれに、従属節が、主節の一部分のみに関係する場合がある。

例文１
Людми́ла Бори́совна устра́ивает семина́р <u>оди́н раз в неде́лю по пя́тницам</u>, потому́ что в други́е дни она́ занята́.

（２）従属節で用いられる接続詞

① その種類
:「理由・原因」の従属複文で用いられる接続詞は、次のようなものがある。
потому́ что；　оттого́ что；　так как；　и́бо；　поско́льку；　благодаря́ тому́ что；　из-за того́ что；　всле́дствие того́ что；　в си́лу того́ что；　ввиду́ того́ что；　по той причи́не что；　в связи́ с тем что；　исходя́ из того́ что；　в результа́те того́ что；　тем бо́лее что；　бла́го；　по слу́чаю того́ что　など。

② 接続詞の種類による主節と従属節の配列順序
: 複文中における主節と、「理由・原因」の従属節の配列順序は、主として接続詞の種類によって制限を受ける。

＊　接続詞の потому́ что,　и́бо,　тем бо́лее что を伴う従属節は、かならず主節の後に位置するが、その他の接続詞を伴う従属節は、主節の前後、主節の中間にも位置することが可能である。

しかし、一般的に対話では、返答を含む文は「理由・原因」を意味する従属節のみから成り立ち得るので、その様な文ではいかなる「理由・原因」の接続詞でも文頭に位置することが可能である。

例文２

Когда́ англи́йского фи́зика Фараде́я спра́шивали, как и почему́ он доби́лся выдаю́щихся успе́хов в нау́ке, он отвеча́л: "Потому́ что, начина́я де́ло, я всегда́ доводи́л его́ до конца́."

（３）「理由・原因」の意味に、更に「疑念」のニュアンスが付加される従属節

：複合接続詞に小詞の ли を伴って用いられる。

例文３

1.Оттого́ ли, что кни́ги бы́ли ста́рые, и́ли, мо́жет быть, от переме́ны обстано́вки, чте́ние уже́ не захва́тывало его́ глубоко́ и утомля́ло.（Ч.）
2.В результа́те ли того́, что мы о́чень проголода́лись, или же потому́, что бы́ло действи́тельно вку́сно, все е́ли с больши́м удово́льствием.
3.Брат не писа́л мне, потому́ ли что оби́делся на меня́, и́ли по друго́й причи́не.

（４）「理由・原因」の従属複文の並列複文への変換

：「理由・原因」の従属複文は、接続詞的な副詞の поэ́тому, оттого́（и）, потому́（и）を用いた「結果」の意味を持つ節を伴う並列複文に変換することも可能である。

例文４

1. Вчера́ я вы́полнил все дома́шние зада́ния, поэ́тому я был свобо́ден сего́дня весь день.	1. Я был свобо́ден сего́дня весь день, потому́ что вчера́ вы́полнил все дома́шние зада́ния.
2. Мой брат до́лго боле́л, оттого́ и вы́глядит он сейча́с о́чень пло́хо.	2. Мой брат вы́глядит сейча́с о́чень пло́хо, оттого́ что он до́лго боле́л.
3. Мне бы́ло ску́чно сиде́ть до́ма, потому́ я и уходи́л в лес.	3. Я уходи́л в лес, потому́ что мне бы́ло ску́чно сиде́ть до́ма.

4. Ле́том ре́ки стано́вятся ме́льче, оттого́ мно́гие ма́ленькие ре́чки мо́жно легко́ переходи́ть вброд.

5. При извержéнии Везýвия бы́ло óчень мнóго пéпла, поэ́тому Средизéмное мóре си́льно обмелéло и судáм нельзя́ бы́ло подойти́ к берегáм.

２）「理由・原因」の従属複文の種類

（１）接続詞の《 ..., потомý что... 》,《 ..., и́бо... 》,《 ..., так как ... 》, 《 ...оттогó что... 》を用いた「理由・原因」を表わす従属節を伴う従属複文

：最もよく用いられるのは、接続詞 потомý что, так как, оттогó что であり、接続詞 и́бо は、多くは文語で用いられる。単純接続詞の и́бо を伴う従属節、及び分離して用いられない場合の複合接続詞の потомý что を伴う従属節は、常に主節の後に位置する。

例文５

1. Никогдá не откáзывайтесь от мáлого в рабóте, и́бо из мáлого стрóится вели́кое. （И. Павл.）
2. Оттогó что мы встáли óчень рáно и потóм ничегó не дéлали, э́тот день казáлся мне óчень дли́нным, сáмым дли́нным в моéй жи́зни. （Ч.）
3. Нельзя́ жить тóлько сегóдняшним, и́бо онó чáще всегó незакóнченное вчерáшнее. （И. Павл.）
4. Пóвести, во вся́ком слýчае, писáть ты бы мог, так как в тебé есть литератýрная жи́лка. （Т.）
5. Так как вы на все предмéты смóтрите с их смешнóй стороны́, то и положи́ться на вас нельзя́. （Т.）

（２）接続詞の 《 благодаря́ томý что..., ... 》, 《 из-за тогó что..., ... 》,《 в си́лу тогó что...： ... 》, 《 вслéдствие тогó что..., ... 》, 《 ввидý тогó что..., ... 》,《 ..., тем бóлее что... 》, 《 в связи́ с тем что..., ... 》を 用いた「理由・原因」を表す従属節を伴う従属複文

： 上述の接続詞は、たいていの場合、学術文体と評論文体で用いられる。接続詞 《 ..., тем бóлее что ... 》 のみは、常に主節の後に置かれ、その他の接続詞は、主節の後にも、前にも置かれ得るが、主節の前に置かれる場合は、「理由・原因」が特に強調されるケースである。

例文 6

1.На Луне́ нет ни ве́тра, ни зву́ков, из‐за того́ что там отсу́тствует во́здух.
2.Жара́ в Сре́дней Азии перено́сится ле́гче, чем в Ленингра́де, всле́дствие того́, что во́здух в Ленингда́де о́чень си́льно насы́щен вла́гой.
3.Благодаря́ тому́ что ле́то о́чень жа́ркое и сухо́е, пона́добилось полива́ть ка́ждое де́рево. (Ч.)
4.Ввиду́ того́ что пого́да уху́дшилась, экску́рсия была́ отменена́.
5.Шар, напо́лненный водоро́дом, бы́стро поднима́ется на значи́тельную высоту́, в си́лу того́ что водоро́д ле́гче окружа́ющего во́здуха.
6.В связи́ с тем что он до́лжен был спе́шно зака́нчивать рабо́ту, он отказа́лся от пое́здки в дом о́тдыха.

3) 複合接続詞の分割

＊ 「理由・原因」の接続詞の大多数を成す複合接続詞は、так как 以外は分割されて、代名詞から成る部分が主節に含まれることがある。この様な場合には、一般的に「理由・原因」に特別な注意が向けられていて、複合接続詞は、表記上はコンマによって区切られ、発声上は語調によって区別される。つまり、接続詞の前半部では声が高められて、その後に「間」が置かれる。

(1) 複合接続詞の前半部が主節の文末に、後半部が従属節の文頭に位置するケース

① 複合接続詞が分割可能である場合
　: 理由・原因に特に注意が向けられている時

例文 7

1.Станови́лось прохла́дно оттого́, что наступи́л ве́чер.
2.Я пошёл в теа́тр потому́, что това́рищ о́тдал мне свой биле́т.
3.Экску́рсия не состоя́лось потому́, что была́ плоха́я пого́да.
4.Оле́г чу́вствовал угрызе́ния со́вести оттого́, что до сих пор не навести́л Ва́лю. (Фад.)

② 複合接続詞が常に分割される場合

(a) 複合接続詞の分割を助長する強調、摘出、否定の助詞が接続詞に付属する場合には、常に分割される。

例文８

1.Сто́ит ли отка́зываться от тру́дного де́ла то́лько потому́, что оно́ тру́дное?（Крым.）

2.Ива́н ника́к не мог реши́ться на э́то лишь потому́, что он про́сто боя́лся.

3.Я мно́го говорю́ об э́том то́лько потому́, что э́то о́чень ва́жно не то́лько для меня́.

（b）挿入語がある場合には、常に分割される。

例文９

1.Всё э́то име́ет для меня́ неизъясни́мую пре́лесть, мо́жет быть, оттого́, что я уже́ не уви́жу их.（Г.）

2.Урожа́й на э́том уча́стке был вы́ше, чем на други́х уча́стках, вероя́тно, потому́, что ухо́д за расте́ниями здесь был лу́чше.

（c）複数個の「理由・原因」がある場合には、常に分割される。

例文１０

Нехлю́дов зае́хал к тётушкам потому́, что име́ние их бы́ло по доро́ге к проше́дшему вперёд полку́, и потому́, что они́ его́ о́чень об э́том проси́ли, но, гла́вное, зае́хал он тепе́рь для того́, что́бы уви́деть Катю́шу.（Л. Т.）

（２）複合接続詞の前半部が、主節の文頭に置かれ、後半部が従属節の文頭に位置するケース

:「理由・原因」の強調に際しての典型的なケースであり、分割された複合接続詞の成分の語順転倒によって生じる隔離である。

例文１１

1.Оттого́ нам неве́село и смо́трим мы на жизнь так мра́чно, что не зна́ем труда́.（Ч.）

2.Потому́ он не вы́полнил в срок свою́ рабо́ту, что рабо́тал неравноме́рно.

3.Оттого́ Ле́на пло́хо усво́ила не́которые разде́лы морфоло́гии, что материа́л показа́лся ей тру́дным.

4.Потому́ он так мно́го занима́ется, что уже́ пора́ сдава́ть курсову́ю рабо́ту.

文法 11

従属複文（その６）

＜「目的」を表わす従属節を伴った従属複文＞

＊「目的」の従属節を伴う従属複文では、従属節で目的が示され、主節ではこの目的の達成をもたらす前提条件が示されるような相関関係を持っている。

＊「目的」を表わす従属節で用いられる接続詞は次のようなものである。
чтóбы; для тогó чтóбы; с той цéлью чтóбы; с тем чтóбы; тóлько бы など

接続詞の чтóбы, тóлько бы は文体的にニュートラルであるが、最も使用頻度の高いのは чтóбы である。合成接続詞は、文語体のニュアンスを帯び、「目的」の意味の強調に際しては分割される。

＊「目的」を表わす従属節においては、その述語が表現している「行為の時」の実際の「時」の意味とは無関係に、述語は不定形、又は過去形の動詞によって表現される。

＊「目的」を表わす従属節は、主節の前後にも、主節を分断した中間にも位置することが出来る。

１）従属節の述語が過去形となる場合

：主節と従属節の述語動詞によって意味される行為が、異なる人、又は異なる物に属する場合には、従属節の述語動詞は過去形となる。

例文１

1.Отéц даст мне дéнег, чтóбы я купи́л всё, что мне нáдо.
2.Он поддéрживал меня́ рукóй, чтóбы я не упáл.
3.Он хотéл позвáть Пéтю, чтóбы тот принёс чтó-нибудь поéсть.（К. С.）
4.Лукáшин встряхнýлся, чтóбы нóша удóбнее леглá на плéчи.（Пан.）
5.Лáмпа заслоненá бумáжным щитóм, чтóбы свет не разбуди́л Серёжу.（Пан.）
6.Óльга вы́шла в коридóр позвáть убóрщицу, чтóбы та помоглá ей

перенести́ ве́щи. （Копт.）

２）従属節の述語が不定形となる場合

：接続詞 что́бы ＋ 不定形を伴った複文となる。

（１）主節と従属節双方の述語が、同一の人物の行為、状態や特徴を意味する場合
：「目的」を意味する従属節の述語は不定形によって表わされ得る。

① 主節が人称文の場合 …（主節が命令文の場合も含む）

例文２

1.Мать уско́рила шаги́, что́бы уйти́ от э́тих людей́. （М. Г.）
2.Андре́й сде́лал сла́бые движе́ния руко́й, что́бы сохрани́ть равнове́сие.（Н. О.）
3.Алексе́й поминýтно остана́вливался, что́бы передохну́ть. （Полев.）
4.Он лёг на све́жую посте́ль и хоте́л засну́ть с тем, что́бы за́втра на све́жую го́лову реши́ть вопро́сы, в кото́рых он тепе́рь запу́тался...（Л. Т.）
5.Он всё де́лал для того́, что́бы лу́чше познако́миться со свои́ми ученика́ми.
6.Я пришёл сюда́ не для того́, что́бы буди́ть тебя́, а для того́, что́бы закры́ть окно́.
7.Карл Ива́нович, что́бы не простуди́ть свое́й головы́, никогда́ не снима́л кра́сной ша́почки. （Л. Т.）
8.Что́бы познако́миться с ру́сской жи́вописью, мы организова́ли не́сколько экску́рсий в Третьяко́вскую галере́ю.

② 主節が無人称文の場合
：従属節と主節の行為主体は一致する。

例文３

1.Прихо́дится тра́тить мно́го вре́мени, что́бы найти́ в словаре́ объясне́ние непоня́тных слов.
2.Очень немно́го ну́жно бы́ло мне для того́, что́бы из обы́денного фа́кта созда́ть интере́сную исто́рию. （М. Г.）
3.Вся́кому челове́ку для того́, что́бы де́йствовать, необходи́мо счита́ть свою́ де́ятельность ва́жною и хоро́шею. （Л. Т.）
4.Что́бы вы́яснить причи́ну ча́стых головны́х бо́лей, ему́ необходи́мо

обрати́ться к врачу́.

5.Что́бы вы́ехать в другу́ю страну́, необходи́мо получи́ть ви́зу.

（2）主節と従属節の行為主体が、かならずしも一致しない場合。

： 主節の述語として ну́жен, необходи́м, предназна́чен, слу́жит, существу́ет (=предназна́чен) などの語が用いられている場合には、「目的」を表わす従属節の述語は、たとえその述語の意味する行為が、主節の主語に関連していなくても、不定形によって表わされることも可能である。

例文４

1.Э́та кни́га нужна́ мне, что́бы посла́ть её това́рищу.

2.Э́тот уче́бник ну́жен мне, что́бы гото́виться к экза́мену.

3.Ко́мпас слу́жит для того́, что́бы определя́ть сто́роны све́та.

4.Что́бы укрепи́ть берега́, что́бы защити́ть зе́млю от размы́ва, применя́ются полезащи́тные лесонасажде́ния.

３）接続詞 что́бы ＋ 不定形を伴った複文を、不定形を用いた「目的」の副詞句への変換

（１）「目的」の副詞句への変換が可能なケース

：不定形を用いた副詞句に変換することで、複文全体を単文に変換することが可能な場合。

＊ 接続詞 что́бы を用いた「目的」の従属節を伴う従属複文は、従属節の述語として不定形が用いられ、主節の述語が「運動の動詞」、又は空間における位置の変化を表わす動詞である場合にのみ、「目的」の状況語としての不定形を伴った単文に変換が可能となる。

例文５

1.Летя́т перелётные пти́цы ушéдшее ле́то иска́ть.（Исак.）

2.Ягнёнок в жа́ркий день зашёл к ручью́ напи́ться.（Кр.）

3.Пу́тники расположи́лись у ручья́ отдыха́ть и корми́ть лошаде́й.（Ч.）

4.Кака́я-то же́нщина привела́ ло́шадь пои́ть.（Ч.）

5.Я пошёл в сад посморе́ть, нет ли его́ там.

6.Он пошёл во вре́мя антра́кта в парте́р поговори́ть со знако́мым.

7.Он вста́л взя́ть со стола́ кни́гу.

8.Я вы́шел в коридо́р покури́ть.

9.Я зале́з на высо́кое де́рево огляде́ть окре́стность.

10.Он вошёл в ко́мнату разбуди́ть меня́.

（2）「目的」の副詞句への変換が不可能なケース

＊「目的」を表わす従属節で接続詞の что́бы を伴い、従属節の述語として不定形が用いられ、主節では「運動」の動詞、又は空間における位置の変化を表わす動詞が用いられているにもかかわらず、「目的」の従属複文全体を、「目的」の状況語（副詞句）としての不定形を伴った単文に変換が不可能な場合がある。

① 主節で用いられる「運動」の動詞の種類に関連して変換が不可能な場合

：主節で用いられる述語が、接頭辞の об- (обо-), до- を持つ運動の動詞である場合。

例文6

1. Я обошёл весь сад, что́бы посмотре́ть, нет ли его́ там.
2. Мы дое́хали до Ле́нинских гор, что́бы посмотре́ть зда́ние Моско́вского госуда́рственного университе́та.
3. По́мнишь, ты объе́хал чужи́е края́, что́бы лу́чше знать и люби́ть свой? (Гонч.)

② 従属節で用いられる不定形の語彙的意味に関連して変換が不可能な場合

(a) 従属節で用いられる不定形が、状態、又は知覚の意味を持った動詞 ви́деть, слы́шать, знать などである場合は、副詞句への変換は不可能である。

例文7

1. Я подошёл к окну́, что́бы ви́деть, что́ де́лается на у́лице.
2. Дире́ктор ча́сто заходи́л в цех, что́бы знать, как идёт у нас рабо́та.
3. Мать подошла́ к окну́, что́бы ви́деть, что де́лает во дворе́ её ма́ленький сын.

(b) 従属節で用いられる不定形が、успе́ть, опозда́ть, быть, избежа́ть, спасти́сь (не спаса́ться), заста́ть であるか、又は主節で語られる行為の結果を表す他のあるいくつかの動詞である場合には、副詞句への変換は不可能である。

例文８

1. Во врéмя антрáкта он пошёл в партéр, чтóбы быть бли́же к сцéне.
2. Мы вы́шли на у́лицу, чтóбы успéть посмотрéть на лу́нное затмéние.
3. Он уéхал и́з дому, чтóбы избежáть встрéчи с отцóм.
4. Стáрший инженéр чáсто приезжáл на стрóйку, чтóбы быть в ку́рсе всех дел.

(c) 主節で用いられる述語のみならず、従属節で用いられる不定形述語も「運動」の動詞、又は空間における位置の変化を表す動詞である場合は、副詞句への変換は不可能である。

例文９

1. Он встáл, чтóбы идти́ домóй.
2. Я поднялся на высóкий холм, чтóбы съéхать с негó на лы́жах.
3. Я взобрáлся нá гору, чтóбы съéхать с неё на сáнках.
4. Он сбегáл по спáду одногó холмá и забирáлся по взгóрью другóго, чтóбы бежáть вниз и опя́ть подымáться. (Фед.)

③ 主節の行為と従属節の行為の時間的な関係に基づいて、変換が不可能な場合

(a) 主節における「運動」の動詞によって意味される行為と、従属節における不定形述語によって意味される行為が、順次的な行為ではなく、時間的に完全に一致する場合、つまり完全な同時的な行為である場合には、副詞句への変換は不可能である。

例文１０

1. Он вы́шел из кóмнаты, чтóбы тем сáмым доказáть своё безрáзли́чие к разговóру.
2. Он встáл, чтóбы обрати́ть на себя́ внимáние.

(b) 従属節の不定形述語によって意味されている行為が、主節で語られている行為に直接的に続かない場合には、副詞句への変換は不可能である。

例文１１

1. Корреспондéнт пришёл на стрóйку, чтóбы написáть óчерк о том, как идёт рабóта.

2. Я зашёл к больнóму Ви́ктору, чтóбы потóм рассказáть о егó состоя́нии друзья́м.

④ その他の理由によって変換が不可能な場合

（a） 従属節の不定形述語の直前、又は接続詞の直前に否定詞の не がある場合には、変換は不可能である。
： ただし、文中に（не. . . ，а. . . ）の対比がある場合を除く

例文１２

1. Он вы́шел из кóмнаты, чтóбы не разбуди́ть ребёнка.
2. Я приéхал в э́тот гóрод не для тогó, чтóбы учи́ться.
3. Я вы́шел в коридóр, чтóбы не кури́ть в кóмнате.
4. Я пришёл к тебé не для тогó, чтóбы спóрить с тобóй.
5. Дани́лов вы́шел, чтóбы не мешáть супру́гам прости́ться.（Пан.）

ただし、

6. Я пришёл сюдá не буди́ть тебя́, а закры́ть oкнó.（＝ Я пришёл сюдá не для тогó, чтóбы буди́ть тебя́, а для тогó, чтóбы закры́ть oкнó.）

（b） 主節の述語、又は従属節の不定形述語に付属する独自の状況語が存在する場合には、変換は不可能である。

例文１３

1. Онá пришлá специáльно, чтóбы повидáть меня́.
2. Я вы́шел и́з дому до шести́ часóв, чтóбы встрéтить Ли́зу, когдá онá бу́дет возвращáться с рабóты.
3. Я залéз на высóкое дéрево, чтóбы оттýда как слéдует оглядéть окрéстность.

文法 12

従属複文（その７）

＜「行為の様態」を表わす従属節を伴った従属複文＞

＊このタイプの従属複文には、「程度・量」の従属複文、「比較」の従属複文、「比喩、類似」などを表す従属複文などが含まれる。

＊このタイプの複文の従属節で用いられる接続詞としては、что; чтóбы; бýдто; как бýдто; слóвно; тóчно; чем; нéжели; чем. . . , тем. . . ; как; подóбно томý как; так же как; как éсли бы などが用いられ、接続語としては скóлько, наскóлько, как が用いられる。主節で用いることの出来る相関語としては так, такúм óбразом, настóлько, стóлько, до такóй стéпени, такóй などがある。

１）接続詞の 《 . . . , как. . . 》を用いた「行為の様態」の従属節を伴う従属複文

：このタイプの複文は、種々のニュアンスを持つが、基本的には、「比較」の意味を伴い、誰かの依頼、命令、要求、願望と行為が一致することを表現する。

（１）行為の「比較」の意味を持つ場合

(a)「比較」の意味を伴った「行為の様態」を表す従属節では、主節で既に名指された述語や他の「文の成分」は、非常に度々省略される。しかし、主節と従属節の述語が同一の動詞によって表現されてはいるが、その時制と法の形態が異なっている場合には、従属節の述語は省略することは不可能である。

Он сдéлал э́то так, как э́то сдéлал я. → Он сдéлал э́то так, как я.
Он сдéлал э́то так, как э́то сдéлаю и я. → ×
Он сдéлал э́то так, как э́то сдéлал бы я. → ×

例文１

1.Врýбель жил прóсто, как все мы живём. (Блок)
2.Дя́дюшка пел так, как поёт простóй нарóд. (Л. Т.)

3.Степь не былá ужé так хорошá и свежá, как бывáет веснóю, в сáмом начáле лéта. （Акс.）
4.Уви́дев Лéну, он покраснéл так гýсто и бы́стро, как умéл краснéть тóлько он. （Г. Ник.）

（b） 一語、又は単一の語結合から成り、その内にいかなる主張も含まないような「比較」の意味を持つ不完全な従属節は、「比較の言い回し」と呼ばれる。
：《～のように 》

例文２
1.Вóздух чист, как родникóвая водá. （Пауст.）
2.Мы встрéтились, как стáрые прия́тели. （Л.）
3.Онá одевáлась óчень прóсто, почти́ как мы.
4.Он говори́т со мной сýхо, официáльно, как прéжде.
5.Былá у негó собáка такáя же большáя и лохмáтая, как он сам. （М. Г.）

（２）依頼、命令、要求、願望、予想に対する行為の一致を表す場合。

例文３
1. Ты поступи́л и́менно так, как нáдо бы́ло поступи́ть в э́том слýчае.
2. Он знáет англи́йский язы́к не так плóхо, как тебé показáлось сначáла.
3. Живи́, как тебé нрáвится.
4. Как я и предполагáл, мы опоздáли к начáлу спектáкля.
5. Расскáз был корóткий, как я и ожидáл.

２） 接続詞の 《 . . . , как бýдто. . . 》 を用いた「行為の様態」の従属節を伴う従属複文

（a） 接続詞の как бýдто を用いた複文は、「仮定」のニュアンスを伴った「比較」の意味を持つ。

例文４
1.Мы втроём нáчали бесéдовать, как бýдто век бы́ли знакóмы. （П.）
2.Онá рáдостно заулыбáлась, как бýдто вспóмнила о чём-то хорóшем.
3.Здесь бы́ло так жáрко, как бýдто мы попáли в Áфрику.
4.Он тóпал так грóмко, как бýдто шёл слон, а не человéк.
5.Говори́ так, как бýдто ты ужé на урóке и перед тобóй ученики́.

(b) 接続詞の как бу́дто は、ほとんど常に接続詞の как если бы に替えることが可能である。

例文５

1.Он так уста́л, как е́сли бы рабо́тал без о́тдыха це́лые су́тки.

2.Я так скуча́ю по тебе́, как е́сли бы не ви́дел тебя́ це́лый год.

3.Я по́мню все собы́тия того́ дня так хорошо́, как е́сли бы всё происходи́ло то́лько вчера́.

4.Пол блесте́л так, как е́сли бы его́ то́лько что натёрли.

３）接続詞の 《 . . . , то́чно (бу́дто, сло́вно) . . . 》 を用いた「行為の様態」の従属節を伴う従属複文

(a) 「比較」の意味を持つ上述の接続詞は、接続詞の как, как бу́дто の同義語になり得る。しかし、これらの接続詞は、いかなる場合でも как бу́дто に取り替えが可能であるが、接続詞 как に取り替えが可能なのは、「比較」が芸術的形象であるか、又は比較それ自体に現象の情緒的評価を含んでいる場合のみである。

例文６

1.Он де́лал нам каки́е-то зна́ки, сло́вно хоте́л предупреди́ть о чём-то.

2.Оста́лся я позади́, то́чно перелётная пти́ца, кото́рая соста́рилась, не мо́жет бо́льше лете́ть. (Ч.)

3.Ири́на опя́ть помолча́ла, сло́вно заду́малась. (Т.)

4.То́чно больша́я пти́ца, он ча́сто взма́хивал свои́ми дли́нными рука́ми.

5.Вчера́ сдал свою́ рабо́ту и чу́вствую себя́ так, бу́дто гора́ свали́лась с плеч.

(b) 決まりきった結合では、意味上からは接続詞の как бу́дто を用いるべきである場合でも、しばしば接続詞の как が用いられる。

例文７

1.Он молчи́т, как бу́дто воды́ в рот набра́л.
Он молчи́т, как воды́ в рот набра́л.

2.Он пропа́л, как бу́дто в во́ду ка́нул.
Он пропа́л, как в во́ду ка́нул.

4）接続詞の《 . . . , чем. . . 》を用いた「行為の様態」の従属節を伴う従属複文

（a）主節に述語の名辞部分、又は「行為の様態」の状況語としての形容詞、又は副詞の比較級がある場合には、従属節は「比較」の意味を持つ。この場合に従属節で用いられる接続詞は чем のみである。

例文８

1.Писа́тель до́лжен знать бо́льше, чем написа́л.（Павл.）
2.Я чу́вствую себя́ ху́же, чем по́сле боле́зни.
3.Хи́мией я интересу́юсь бо́льше, чем фи́зикой.
4.Он зна́ет твою́ жизнь лу́чше, чем мою́.
5.Ты ста́ла гора́здо бледне́е, чем была́ ле́том.
6.Здоро́вье его́ ста́ло гора́здо кре́пче, чем до поездки на юг.

（b）主節に述語の名辞部分、又は「行為の様態」の状況語としての ина́че, по-друго́му, друго́й, ино́й などがある場合にも、従属節では接続詞の чем が用いられる。

例文９

1.Я чу́вствую себя́ совсе́м по-друго́му, чем ра́ньше.
2.Жизнь в ма́леньком до́ме Вла́совых потекла́ бо́лее ти́хо и споко́йно, чем пре́жде, и не́сколько ина́че, чем везде́ в слободе́.（М. Г.）
3.Э́то была́ соверше́нно друга́я кни́га, чем те, к кото́рым мы привы́кли.
4.Ны́нешние молоды́е лю́ди смо́трят на ве́щи ина́че, чем мы.
5.В э́том наря́дном пла́тье она́ показа́лась ино́й, чем днём в ко́мнате.
6.Ру́сские стихи́ звуча́т соверше́нно ина́че, чем францу́зкие.

5）接続詞の《 чем. . . , тем. . . 》を用いた「行為の様態」の従属節を伴う従属複文。

：この接続詞を伴った複文における従属節は、常に主節の前に位置する。この際には、接続詞 чем は従属節に含まれ、相関語の тем は主節の中に含まれる。

＊ この接続詞がある場合には、主節と従属節の双方で副詞、又は形容詞の比較級が用いられる。

＊ 主節と従属節の双方で、述語が動詞過去形で表現されている場合には、これらの動詞は、通常は不完了体である。しかし述語が動詞未来形で表現されている場合には、これらの動詞は文の内容しだいで、完了体にも不完了体にも成り得る。

例文１０

1.Чем вы́ше челове́к, тем трудне́е купи́ть ему́ оде́жду.
2.Чем бо́льше я ел, тем вкусне́е мне каза́лось э́то экзоти́ческое блю́до.
3.Чем да́льше в лес, тем бо́льше дров.
4.Чем бли́же был час встре́чи, тем нетерпе́ние моё станови́лось бо́льше.

６）接続詞の 《 . . . сто́лько, ско́лько～ 》を用いた「行為の様態」の従属節を伴う従属複文：《～と同じ位. . .》

：従属節と主節の双方が、「量と程度」の意味を持つ場合には、従属節では接続語として ско́лько が用いられ、主節では相関語の сто́лько が用いられる。この場合には主節と従属節で表現される量・程度が同等であることを示している。

例文１１

1.Сто́лько, ско́лько зна́ет он по да́нному вопро́су, никто́ друго́й не зна́ет.
2.Ско́лько раз мы с тобо́й встреча́лись, сто́лько раз спо́рили на э́ту те́му.
3.В маши́ну се́ло сто́лько челове́к, ско́лько могло́ помести́ться. Остальны́е пошли́ пешко́м.
4.Он дал мне де́нег сто́лько, ско́лько я проси́л.
5.Мне показа́ли в библиоте́ке сто́лько книг о Москве́, ско́лько я не смог прочита́ть и за це́лый год.

７）接続詞の《 . . . , что. . . 》, 《 . . . , что́бы. . . 》を用いた「行為の様態」の従属節を伴う従属複文

：接続詞の что, что́бы を伴い、主に「結果」のニュアンスを持つ従属節に対して、主節が「量と程度」の意味を持つ場合には、主節では程度・量を表わす相関

語としてтак, такóй, стóлько, настóлько などが必ず用いられるが、такóй と стóлько は主に名詞の直前に置かれ、так と настóлько は通常は同義であり、「行為の様態」の状況語、又は述語の直前、あるいは主節の文末に置かれる。

＊ 接続詞の что は、従属節が「結果」のニュアンスを持つ「行為の様態」を表わす場合に用いられ、接続詞 чтóбы は、従属節が「目的」、又は「望ましい結果」のニュアンスを持つ「行為の様態」を表わす場合に用いられる。

＊ 接続詞の что, чтóбы を伴って「行為の様態」を意味する従属節は、常に主節の後に位置する。

（１）接続詞の что を用いた従属節を伴う複文

① 《 так. . . , что. . . 》, 《 настóлько. . . , что. . . 》

：従属節が「結果」のニュアンスを持ち、主節が「程度」の意味を持つ場合

例文１２

1.Кругóм бы́ло так ти́хо, что он слы́шал удáры сóбственного сéрдца.
2.Бы́ло так темнó, что Вáря с трудóм различáла дорóгу. (Фад.)
3.Рéчка так блести́т и сверкáет на сóлнце, что глазáм бóльно. (Гонч.)
4.Говори́л он так, что, дáже не ви́дя егó лицá, вы по одномý звýку егó гóлоса чýвствовали, что он улыбáется. (Т.)
5.Рассвелó ужé настóлько, что бы́ло ви́дно, но сóлнце ещё не вставáло. (Л. Т.)
6.Минýт чéрез дéсять стáло так темнó, что ужé нé было ви́дно ни звёзд, ни полумéсяца. (Ч.)

② 《стóлько. . . , что. . . 》

：従属節が「結果」の意味を持ち、主節が「量」の意味を持った場合

例文１３

1.В ру́сской земле́ сто́лько пре́лести, что всем худо́жникам хва́тит на ты́сячи лет. （Пауст.）
2.В реке́ Да́льнего Восто́ка сто́лько ры́бы, что во вре́мя её хо́да корабли́ замедля́ют движе́ние.
3.Он уви́дел сто́лько интере́сного за свою́ пое́здку, что ему́ есть о чём рассказа́ть.

（２）接続詞の что́бы を用いた「行為の様態」の従属節を伴う複文

：主節が「程度・量」の意味を持ち、従属節は「目的」、又は「望ましい結果」のニュアンスを持つ。

(a) 主節の述語の構成に、願望、又はうながしを表現する語 на́до, жела́ть, прика́зывать, стреми́ться などが含まれるか、又は主節の述語が、命令法の形をした動詞で表現されている場合には、「結果」のニュアンスを伴った「行為の様態」を意味する従属節では、かならず接続詞 что́бы を用いる。

＊ 接続詞 что́бы を用いて「結果」のニュアンスを伴い、「行為の様態」を表わす従属節の述語の行為者が、主節の述語の行為者とは異なる場合にも、従属節の述語は不定形によって表現され得る。

例文１４
1.На́до так говори́ть, что́бы все по́няли.
2.Он стреми́лся писа́ть про́сто, что́бы всё бы́ло сра́зу я́сно и поня́тно.
3.Хо́чется сто́лько сде́лать сего́дня, что́бы за́втра сно́ва не сади́ться за э́ту рабо́ту.
4.Са́мое дорого́е у челове́ка — э́то жизнь. Она́ даётся ему́ оди́н раз, и прожи́ть её на́до так, что́бы не́ было мучи́тельно бо́льно за бесце́льно про́житые го́ды... （Н. О.）
5.Я стреми́лся говори́ть ме́дленно, вня́тно, так, что́бы не пришло́сь пото́м повторя́ть ещё раз.

(b) 従属節が「目的」のニュアンスを伴った「行為の様態」を意味する場合には、接続詞 что́бы を用いる。：《～するために…》

例文１５

1.Пéсню пéли так ти́хо, чтóбы на ýлице нé было слы́шно.
2.Нехлю́дов распредели́л свою́ поéздку так, чтóбы пробы́ть у тётушек тóлько сýтки. （Л. Т. ）
3.Я сел у окнá так, чтóбы ви́деть всё происходя́щее на ýлице.
4.Он говори́л грóмко, чтóбы и в послéднем рядý егó хорошó слы́шали.
5.Он устрóил всё так, чтóбы и́менно егó послáли на э́ту рабóту.

（c）従属節では、排除される「結果」のニュアンスを持つ「行為の様態」の意味を表わし、《結果として～出来ない》の意味を持つ。主節では相関語として так ではなく、не так, не настóлько, сли́шком, недостáточно が用いられる場合には、従属節では接続詞として чтóбы が用いられる。

＊ しかし主節における相関語として так が用いられる場合には、「結果」のニュアンスを持つ「行為の様態」の従属節では、接続詞の что を伴う。

例文１６

1.Врéмени до отхóда пóезда бы́ло недостáточно, чтóбы осмáтривать гóрод.
2.Я сли́шком презирáю вас, чтóбы продолжáть разговóр с вáми.
3.Он был сли́шком чéстен, чтóбы не ви́деть нарóдных страдáний. （Пауст. ）
4.Но сли́шком знáем мы друг дрýга, чтóбы друг дрýга позабы́ть. （Л. ）
5.Погóда немнóго ухýдшилась, но не настóлько, чтóбы помешáть нáшей экскýрсии. （Арс. ）
6.На ýлице не так теплó, чтóбы идти́ без пальтó.

（d）「結果」のニュアンスを持つ「行為の様態」の従属節を伴う主節に相関語の так がある場合には、従属節では、接続詞として чтóбы ではなく、что が用いられるのが原則であるが、主節の述語の前に рéдко, никогдá, ни рáзу が位置する場合には、従属節では接続詞として чтóбы が用いられる。

例文１７

1.Он ре́дко смея́лся так, что́бы от его́ сме́ха станови́лось ве́село други́м.

2.Она́ ни ра́зу не смея́лась так, что́бы из-за сме́ха не слышны́ бы́ли слёзы. （Л. Т. ）

3.Он никогда́ не смея́лся так, что́бы от его́ сме́ха станови́лось ве́село други́м.

（３）接続詞 что, чтобы のいずれの使用も可能な従属節を伴う複文

：「結果」のニュアンスを伴う「行為の様態」を表わす従属節を持つ文が、疑問文である場合は、主節の後の従属節では、接続詞として что, что́бы のどちらでも用いることが可能である。

例文１８

1.Так ли мно́го у нас вре́мени, что́бы идти́ осма́тривать го́род?
（= . . . , что мы мо́жем идти́ осма́тривать го́род?）

2.Насто́лько ли хорошо́ напи́сана кни́га, что́бы понра́виться вам?
（= . . . , что она́ понра́вится вам?）

3.Так ли хороша́ кни́га, что́бы её сто́ило перечи́тывать?（. . . , что её сто́ит перечи́тывать?）

4.Так ли хорошо́ напи́сана статья́, что́бы её мо́жно бы́ло посла́ть в журна́л?（= . . . , что её мо́жно посла́ть в журна́л?）

文法 13

従属複文（その８）

＜「結果」を意味する従属節を伴う従属複文＞

＊ このタイプの複文の従属節で用いられる接続詞は、так что, вслéдствие чегó, в сúлу чегó である。

＊「結果」を意味する従属節は、常に主節の後に位置し、接続詞は全体が従属節に含まれる。

１）接続詞の《 ..., так что～ 》を伴い、結果を意味する従属節を持つ従属複文：《..., それ故～》

例文１

1.Он сейчáс же уснýл, так что на мой вопрóс я услы́шал тóлько егó рóвное дыхáние.（Гарш.）
2.У нас не хватúло дéнег, так что покýпку пришлóсь отложúть на другóй раз.
3.Мы бы́ли в э́том гóроде всегó нéсколько часóв, так что я не смог зайтú к своемý дрýгу дéтства.
4.Кругóм бы́ло тúхо-тúхо, так что слы́шен был малéйший шóрох.
5.Мóлнии в потёмках казáлись белéе и ослепúтельнее, так что глазáм бы́ло бóльно.（Ч.）
6.Сáша одéлся теплó, так что морóз емý не стрáшен.
7.Мы покá не знáем э́того, так что помóчь вам, к сожалéнию, не мóжем.

２）接続詞の《 ..., вслéдствие чегó～ 》,《 ..., в сúлу чегó～ 》を用いた「結果」を意味する従属複文

：これらの接続詞は主として実務的発話と文語体において用いられる。：《..., その結果～》

例文２

1.Мáссы холóдного вóздуха пришлú с сéверо-востóка, вслéдствие чегó на европéйской террито́рии Совéтского Союза наступи́ло похолодáние.

2.Абитуриéнт допусти́л на экзамéне серьёзную оши́бку, вслéдствие чегó и нé был при́нят в университéт.

3.Трагéдия моя́ идёт, и ду́маю к зимé её кóнчить, вслéдствие чегó читáю тóлько Карамзи́на да лéтописи. （А. С. Пу́шкин）

4.Мéтод бурéния сквáжин оказáлся устарéвшим, в си́лу чегó был заменён бóлее прогресси́вным.

文法 14

Ⅰ　従属複文（その９）

＜「条件」を意味する従属節を伴う従属複文＞

＊「条件」の従属節を伴う従属複文では、従属節で条件が示され、主節ではその条件から生ずる出来事が名差される。

＊ 条件が実行可能で、実現可能な場合には、述語動詞は過去形の形で用いられるが、条件が実行不可能な、非現実的な場合には、助詞の бы を伴った接続詞と仮定法の述語動詞が用いられる。

＊「条件」の従属節は、主節の前後、主節を割った中間のいずれの位置にもおかれ得るが、主節に相関語として то,　тогда́ がある場合には、従属節は常に主節の前に位置する。

＊ このタイプの従属複文で用いられる接続詞には е́сли, е́сли бы, в слу́чае е́сли, когда́ бы , в том слу́чае е́сли, когда́, ко́ли, е́жели, кабы́, раз, коль ско́ро, ли. . . . ли . . . などがある。この内 когда́ бы は廃語となり、ко́ли, ко́ли бы, е́жели, е́жели бы はすたれつつあり、これらすべては口語の俗語的の文体のニュアンスを持っている。коль ско́ро は、文語体のすたれつつある接続詞で、раз と同様のニュアンスを持つ。

1）接続詞の《 . . . , е́сли . . . 》を用いた「条件」の従属節を伴う従属複文

(a)「条件」を表わす従属節は主節の前・後・中間のいずれの位置にもおかれ得るが、従属節が主節に先行する場合には、従属節の接続詞と相関的な助詞の то を主節で用いることが可能である。

＊ このケースでは、よりまれではあるが従属節の接続語との相関語としては、 тогда́ も用いられる。

＊「条件」の従属節が、主節の後、または主節を割った中間に位置するケースでは、従属節の接続詞と相関的な語として **в том слу́чае** が主節で用いられ得る。

例文１

1. Бу́дет о́чень пло́хо, е́сли мы не суме́ем э́то сде́лать
2. Если меня́ не бу́дет, оста́вьте посы́лку сосе́лям
3. Если никого́ не́ бы́ло до́ма, то я остава́лся и ждал, разгова́ривал с ня́ней, игра́л с ребёнком.（Ч.）
4. Вре́мя лети́т бы́стро то́лько в том слу́чае, е́сли це́лый день за́нят де́лом.
5. Если температу́ра воды́ опу́ститься ни́же нуля́, то вода́ превраща́ется в лёд.
6. Если на э́тот раз ты не твёрдо уве́рен в свое́й правоте́, лу́чше не спорь.

(b)「条件」の従属節では、述語が不定詞によって表される不定詞構文としての無人称文が用いられ得るが、この場合には主節と従属節の行為主体が同一でも、異なっていてもかまわない。

例文２

1. Если цветы́ не полива́ть, они́ завя́нут.
2. Если внуши́ть себе́, что тебе́ стра́шно, то пото́м тру́дно отде́латься от э́той мы́сли.
3. Если опусти́ть горя́щую лучи́нку в углеки́слый газ, она́ се́йчас же пога́снет.
4. Если во́ду нагрева́ть до ста гра́дусов, она закипи́т.
5. Если Ко́ле помо́чь, он успе́ет написа́ть курсову́ю рабо́ту в срок.

(c) 主節と従属節の主語が同一の人称代名詞であり、双方の節の述語が、現在形または未来形の動詞である場合にのみ、後に位置する節の主語は省略され得る。その際に、主節が従属節の後に位置するケースでは、主節における相関語の **то** は省略しない。後続の主節の主語を省略しない場合には、**то** は省略してもしなくてもよい。

例文３

1. Я поговорю́ с ним о тебе́, е́сли （ я ） бу́ду у него́.
2. Если я бу́ду у него́, то （ я ） поговорю́ с ним о тебе́.
3. Если я бу́ду свобо́ден, то （ я ） пое́ду в воскресе́нье за́ город.
4. Если я бу́ду в кни́жном магази́не, то （ я ） куплю́ тебе́ уче́бник по ру́сскому языку́.

２）接続詞の《 е́сли бы . . . , ... 》を用いた「条件」の従属節を伴う複文

：接続詞 е́сли бы の一部となっている助詞の бы は、従属節に於ける述語動詞の仮定法の指標であり、このようなケースでは主節でも助詞 бы を持つ述語動詞の仮定法の形態が必要不可欠となる。

助詞の бы は、従属節では通常は接続詞 е́сли の直後に位置し、主節では任意の文の成分の後に置かれ得る。しかし、主節の何らかの成分を強調する必要性がある場合には、通常の語順を変更して、強調される成分を主節の頭に置き、その成分を語調的に強調するが、その際には助詞の бы は、通常はこの強調される成分の直後に位置する。

接続詞 е́сли を用いた場合と同様に、接続詞 е́сли бы を用いた「条件」の従属節でも不定詞構文としての無人称文が用いられ得る。

例文４

1. Если бы он меня́ пригласи́л,
   - я бы на э́тот фильм не пошёл
   - не пошёл бы я на э́тот фильм.
   - на э́тот бы фильм я не пошёл.
2. Если бы мне удало́сь э́то сде́лать, я бы был са́мым счастли́вым челове́ком в ми́ре.
3. По́мните, что нау́ка тре́бует от челове́ка всей его жи́зни. И е́сли у вас бы́ло бы две жи́зни, то их не хвати́ло бы вам. （ И. Павл. ）
4. О, е́сли бы я был живопи́сец, я бы чу́дно изобрази́л всю

пре́лесть но́чи!　（Г.）
5. Если бы ему́ нужна́ была́ по́мощь, он бы сказа́л.
6. Мне бы́ло бы ле́гче, е́сли бы он на́чал руга́ть меня́. Но он молча́л и молча́л.　（Каз.）

3）接続詞《 **когда́** . . . , . . . 》を用いた「条件」の従属節を伴う複文

：接続詞の **когда́** が、「条件」を表わす従属節で接続詞 **е́сли** の同義語として用いられるのは、従属節が単一の具体的ケースの意味ではなく、多くの事実からの帰結や、一般化の意味をもつ場合のみである。その様なケースでは、接続詞 **е́сли** を用いた従属節は、接続詞 **когда́** を用いた従属節に変換することが原則的には可能である。

＊　しかし、上述の様な意味でも従属節に於ける接続詞 **когда́** の使用は、現代標準ロシア語では非常に限定されている。

＊　接続詞 **е́сли** を用いた従属節が、不定詞によって表現された述語を伴う無人称文であるならば、接続詞 **е́сли** を **когда́** に変換することは不可能である。

＊　接続詞 **когда́** を用いた従属節は、主として普遍人称文か、不定人称文である。

例文５

1. Когда́ в това́рищах согла́сья нет, на лад их де́ло не пойдёт.（Кр.）
2. Когда́ цветы́ не полива́ют, они́ вя́нут.
3. Когда́ вхо́дишь в лес, ка́жется, что попада́ешь в ино́й мир.
4. Когда́ быва́ешь твёрдо уве́рен в свое́й правоте́, чу́вствуешь себя́ сме́лым.
5. Когда́ я иду́ в кино́, я иду́ всегда́ вме́сте с подру́гой.
6. Когда́ прово́дишь о́пыт, будь внима́телен!
7. Когда́ наступа́ет о́сень, ла́сточки улета́ют на юг в тёплые края́.

4）接続詞《 раз... ， ... 》を用いた「条件」の従属節を伴う複文

：口語体に固有の接続詞の раз は、実際に存在する条件、又はかならず生ずるであろう条件に関して語られる場合に、「条件」を表す従属節で用いられる。

＊ 接続詞 раз を用いた場合には、出来事が現実的なものであり、条件は実現可能、実現されている、又は不可避的であることを表わしており、このため文の双方の節に於ける出来事は、「条件―結果」のみならず、「原因―結果」の関係で結ばれている。

＊ 接続詞 раз を伴った従属節では、たいていの場合に述語は過去形となり、この点でも通常は動詞の未来形が用いられる接続詞の éсли を伴った従属節と異なる。

例文６

1. Если бы погóда былá хорóшая, мóжно бы́ло бы поéхать зá город. Но раз такúе тýчи, то лýчше поéздку сегóдня отложúть.
2. Раз ты пришёл, давáй сыгрáем в шáхматы.
3. Уж раз мы нáчали говорúть, то лýчше договорúть всё до концá. （Купр.）
4. Раз никомý нет дéла до меня́, остáнусь и бýду жить как жилá. （Фад.）
5. Раз он взя́лся за дéло, знáчит обязáтельно доведёт егó до концá.
6. Раз ты не сдал экзáмен по истóрии, знáчит ты слúшком мáло занимáлся.

5）接続詞《 ...ли... ， ...ли... ， ～》を用いた「条件」の従属節を伴う複文

：接続詞 ли, ли を用いた「条件」の従属節では、譲歩のニュアンスをも含んだ条件の意味を持つ。

…《たとえ…にせよ…にせよ～》

例文７

1. Суме́ем ли мы дойти́ до конца́, смо́жем ли мы доби́ться своего́, —вот что ва́жно.
2. Дождь ли, си́льный ве́тер ли, а идти́ надо обяза́тельно.
3. Ра́довался ли он, печа́лился ли, но всё равно́ ка́жлый день усе́рдно учи́л ру́сский язы́к

６）命令形の動詞を用いて「条件」を表す従属節を伴う複文

：この場合の「条件」を表わす従属節では、条件法の意味をもつ命令形の述語動詞は、主語を表わす品詞の「数」の形態には無関係に、単数のみで用いられる。

この様な述語の主語代名詞は、単数形でも複数形でも表現され得る。

この表現は　е́сли（ бы ）を用いた表現に変換が可能である。

例文８

1. Сложи́сь жизнь по-друго́му, он мог бы стать больши́м учёным.
2. Будь она́ помоло́же да поумне́е, не так ей на́до бы́ло с тобо́й разгова́риавть！（ Шол. ）
3. Будь они́ все вме́сте, им бы́ло бы ле́гче жить.
4. Знай я ремесло́, —жил бы в го́роде.（ М. Г. ）
5. Скажи́ ты мне э́то ра́ньше, и мы бы успе́ли что́-то сде́лать.

II　従属複文（その10）

＜「譲歩」を表わす従属節を伴った従属文＞

＊　「譲歩」の接続詞を伴った従属複文では、従属節で名差されている否定的な条件や障害となる状況にもかかわらず、主節で名差された事柄が実現するように、二つの出来事が相関関係で結ばれている。

＊　このタイプの従属節で用いられるのは、接続詞の **хотя́（бы）, хоть（бы）, несмотря́ на то что, вопреки́ тому́ что, невзира́я на то что；пусть（бы）, пуска́й（бы）；да́ром что；пра́вда** など、及び疑問詞 ＋（**бы**）**ни** の形態をした接続語である。

1）接続語の《**хотя́...,...**》、《**хоть...,...**》、《**несмотря́ на то что...,...**》を用いた「譲歩」を表す従属節を伴う複文

：接続詞 **хотя́** は最も良く使用され、文体的に中立である。接続詞 **хоть** は **хотя́** のヴァリアントであるが、使用されることはより少なく、口語体の文脈でのみ用いられる。接続詞 **несмотря́ на то что** は文語体でより多く用いられる。

＊　従属節に接続詞 **хотя́, хоть** を用いた複文では、主節で反意接続詞の **а, но, одна́ко** などを伴うことが出来るが、接続詞 **несмотря́ на то что** を用いた複文の主節では不可能である。

例文1

1. На у́лице бы́ло ещё светло́, хотя́ часы́ пока́зывали уже́ оди́ннадцать.
2. Бы́ло уже́ совсе́м тепло́, хотя́ круго́м лежа́л ры́хлый, тяжёлый снег.（Сём.）
3. Хоть ты и в но́вой ко́же, да се́рдце у тебя́ всё то же.（Кр.）
4. Хотя́ жда́ли тёплой весны́, но моро́з был поря́дочный.（Григ.）
5. Несмотря́ на то что я уже́ е́здил оди́н раз в э́ту дере́вню, доро́га показа́лась мне соверше́нно незнако́мой.

6. Мо́ре греме́ло, хотя́ ве́тер стиха́л. （ Перв. ）
7. Чте́ние дли́тся утоми́тельно до́лго, я устаю́ слу́шать, хотя́ мне нра́вятся о́стрые задо́рные слова́. （ М. Г. ）
8. Несмотря́ на то что установи́лись си́льные моро́зы, мы ка́ждый день занима́емся спо́ртом на у́лице.
9. Хоть ты и спо́ришь, а всё равно́ ничего́ не доказа́л！
10. Хоть всю Зе́млю обойди́, а лу́чше мое́й страны́ найти́ невозмо́жно.

2）接続詞の《 пусть... , ...》、《 пуска́й... , ...》を用いた「譲歩」を表わす従属節を伴う複文

：接続詞 пусть 及びそのヴァリアントである接続詞 пуска́й は口語体で用いられ、より大きな情緒的表現力を付与する。

この接続詞は、たいていは主節で、ある不屈の意図、又は願望について語られている場合や、執ような助言が与えられたり、何らかの行為の必要不可欠性が確信される場合に用いられる。

＊ 従属節に接続詞 хотя́（ хоть ）を用いた場合と同様に、主節で反意接続詞の а, но, одна́ко を伴うことが可能である。

＊ 接続詞 пусть, пуска́й を用いた従属節は、通常は主節の前に位置しなくてはならない。

例文２

1. Пусть я непра́в, но ты до́лжен меня́ вы́слушать.
2. Пуска́й бу́дет тру́дно, но мы всё равно́ не отсту́пим.
3. Пусть я пропусти́л мно́го ле́кций и семина́ров, я всё равно́ догоню́ свои́х соку́рсников.
4. Пуска́й наступи́ли моро́зы, я всё-таки бу́ду занима́ться спо́ртом на у́лице.
5. Пусть бу́дет тру́дно, я всё равно изучу́ древнеру́сский язы́к.

3）接続語の《 как ни... , ... 》、《 ско́лько ни... , ... 》、《 кто ни... , ...》、《 где ни... , ... 》、《 когда́ ни... , ...》などを用いた「譲歩」を表わす従属節を伴う複文

＊ 「譲歩」を表わす従属節の強調の助詞 ни は、従属節の述語の直前か、又は副詞によって表現されている行為の様態の状況後の直前に置かれ、名詞の直前に置かれることはない。

＊ 強調の助詞 ни を伴ったどのような接続語を従属節で用いるかは、何を強調するかにかかっている。
как ни は行為、又は性質の集中性の表示のために、ско́локо ни は行為の反復性や継続性の表示のために、кто ни, что ни は人、又は物の多数を表示するために、где ни, когда́ ни などは、状況の多様性の強調のために用いられる。

＊ 接続語の как ни を用いたケースでは、助詞の ни は、たいていの場合に副詞、又は形容詞の直前に置かれる。しかし、助詞 ни は、種々の集中度で行われる行為を表示する際には、単語 о́чень と結合することの出来る次の様な動詞の直前に置くことも可能である。
уговáривать, старáться, стреми́ться, проси́ть, хотéть, люби́ть, уважáть, ненави́деть, жалéть, презирáть, му́чить, страдáть, боя́ться など

＊ 「譲歩」を表わす従属節では、接続語の как ни, ско́лько ни を伴って使用されるのは、たいていの場合は不完了体動詞である。何故なら、これらの接続詞を伴った文では、通常は反復する行為か、又は継続する行為に関して言及されるからである。

例文３

1. Что ни говори́, а он настоя́ший друг.
2. За что́ бы он ни брáлся, всё у него́ получáлось.
3. Левинсо́н, как ни крéпко спал, то́тчас же откры́л глазá и сел. （ Фад. ）
4. Как ни старáйся, ничего́ не вы́йдет.
5. Ско́лько бы он ни накопи́л дéнег, они́ тут же исчезáли.
6. Как во́лка ни корми́, они всё в лес смо́трит. （ Посл. ）
7. Казáлось, что он знал всё: что ни спроси́, срáзу полу́чишь отвéт.

4）接続詞の《 как бы ни. . . , . . . 》、《 ско́лько бы ни. . . , . . .》、《 что бы ни. . . , . . . 》などを用いた「譲歩」を表わす従属節伴う複文

：「譲歩」を表わす従属節で、接続語の как бы ни, что бы ни, ско́лько бы ни, куда́ бы ни, где бы ни, како́й бы ни などを伴う場合には、従属節の述語は、常に条件法の形態をした動詞が用いられるが、この際に主節では、述語動詞の形態は、過去完了体動詞以外のいかなる形態も可能である。このケースの主節で特に度々用いられるのは、動詞の未来形である。

＊ 「譲歩」の従属節で接続語の како́й бы ни を用いた場合には、助詞の ни は通常は述語の直前に置かれる。

例文４

1. Я ви́дел жизнь. Что бы тебе́ ни говори́ли о ней, верь всегда́, что она́ удиви́тельна и прекра́сна. （ Пауст. ）
2. Как бы тру́дно тебе́ ни́ было, терпи́.
3. Куда́ бы мы ни заходи́ли, нас всю́ду встреча́ли о́чень приве́тливо.
4. Что бы ни случи́лось, он, как ме́дик, всегда́ стара́лся каза́ться споко́йным. （ Ч. ）
5. “Что бы ни́ было, ничто́ не изме́нит моего́ реше́ния”, —сказа́л Нехлю́дов. （ Л. Т. ）
6. Ка́ждый худо́жник, к како́му бы вре́мени и к како́й бы шко́ле он ни принадлежа́л, открыва́ет нам но́вые ви́ды действи́тельность. （ Пауст. ）
7. Как бы высоко́ ни оце́нивали вас, име́йте всегда́ му́жество сказа́ть себе́ : я неве́жда. （ И. Павл. ）

参考文献

《 Русская грамматика》，　Наука,　Москва,　1980
　том Ⅱ.　Синтаксис
《 Сложное предложение в современном русском языке 》，
　Н.　И.　Формановская,
　Русский язык,　Москва,　1989
《 Современный русский язык.　Синтаксис сложного
　предложения 》，　С.　Е.　Крючков,　Л.　Ю.　Максимов,
　Просвещение,　Москва,　1977
《 Современный русский язык.　Синтаксис Пунктация 》，
　под ред.　А.　М.　Бордовича
　Вышэйшая школа,　Минск,　1993
《 Exercises in Russian Syntax.　The Complex Sentence 》，
　Русский язык,　Москва,　1989
《 岩波ロシア語辞典 》和久利誓一他編、
　岩波書店、東京、1992 年
《 研究社露和辞典 》東郷正延他編、
　研究社、東京、1998 年

【添付 CD-ROM の使用上の注意】

■本 CD-ROM の内容

『白い金』ハイブリッド CD

track０１.mp3／track０２.mp3／track０３.mp3／track０４.mp3／track０５.mp3／track０６.mp3／track０７.mp3／track０８.mp3／track０９.mp3／track１０.mp3／track１１.mp3／track１２.mp3／track１３.mp3／track１４.mp3

Slova dlya zapominaniya.doc

■ご使用にあたって

この CD-ROM の内容は Word ファイル及び MP3 ファイルで作成されています。

Word ファイルは、ロシア語文字は「Arial Narrow」書体で、日本語文字は「MS 明朝」書体で作成されています。

ご使用に際しては動作環境を参照ください。

■動作環境

● Windows 環境

・Microsoft Word97 for Windows※1

・Windows MediaPlayer もしくは Apple QuickTime などの mp3 再生ソフトウェア及びこれらのソフトウェアが動作する Windows 環境及び音声再生出力環境、CD ドライブが必要です。

※1 word95 以前のバージョンですと正しく表示されない可能性があります。

● Macintosh 環境

・Microsoft Word98 forMacintosh※2

・Apple iTune もしくは Apple QuickTime などの mp3 再生ソフトウェア及びこれらのソフトウェアが動作する MacOS 環境及び音声再生出力環境、CD ドライブが必要です。

※2 word6.0 以外のバージョンですと正しく表示されない可能性があります。

■ご使用の方法

この CD-ROM はオートランの設定はありません。Word 及び MediaPlayer もしくは iTune などの mp3 再生ソフトウェアを起動して CD-ROM 内のファイルをご使用ください。

■商標類

＊ Microsoft, Windows, MicrosoftWord, MediaPlayer は、MicrosoftCorporation の米国及びその他の国における登録商標または商標です。

＊ AppleComputer, MacOS, iTune, QuickTime は、AppleComputer, Inc の商標です。

■この CD-ROM を開封される前に必ずお読みください■

●ソフトウェア使用許諾について

この CD-ROM をご使用いただくにあたり、下記の「ご注意」の内容にご同意いただくことを条件とさせていただきます。パッケージを開封される前に必ず「ご注意」をお読みください。パッケージを開封された場合は、この内容にご同意いただいたものとさせていただきます。万が一ご同意いただけない場合は、ご使用されませんようご注意ください。

●ご注意

１．弊社は本 CD-ROM の使用に関して、個々のコンピュータ環境上での動作について一切保証しません。

２．弊社は本 CD-ROM によりご利用者に直接または間接的に損害が生じても、いかなる責任も負わないものとし、一切賠償などは行わないものとします。

３．弊社は本 CD-ROM に不備があっても、訂正する義務は負わないものとします。

４．本 CD-ROM に記載された情報の使用に際して、弊社もしくは第三者の特許権、著作権、商標権、その他の知的所有権等の権利にかかわる問題が生じた場合、弊社はその責任を負いませんのであらかじめご了承ください。

５．製品及び製品仕様は予告無く変更する場合がありますので、最終的な設計、ご購入、ご使用に際しましては、事前に最新の製品規格または仕様書をお求めになりご確認ください。

６．本 CD-ROM の一部または全部を弊社の文書による承認なしに転載または複写することを堅くお断り致します。

ナコルチェフスキー・アンドレイ

1960年、ウクライナ、キエフに生まれる。1989年、ソ連科学アカデミー哲学研究所大学院哲学史研究科博士課程修了。現在、慶應義塾大学文学部教授。

金沢大東（かなざわ　ひろはる）

1943年、サハリンに生まれる。1968年、上智大学外国語学部ロシア語科卒。1974年、東京外国語大学大学院修士課程修了。現在、慶應義塾大学、中央大学、神奈川大学講師。

白い金――探偵小説によるロシア語中級コース【CD-ROM付き】

2002年5月20日　初版第1刷発行
2015年10月30日　初版第4刷発行

著　者――――ナコルチェフスキー・アンドレイ，金沢大東
発行者――――坂上　弘
発行所――――慶應義塾大学出版会株式会社
郵便番号 108-8346　東京都港区三田2-19-30
TEL〔編集部〕03-3451-0931
〔営業部〕03-3451-3584〈ご注文〉
〃　03-3451-6926
FAX〔営業部〕03-3451-3122
振替 00190-8-155497
URL http://www.keio-up.co.jp
印刷・製本――株式会社太平印刷社

Printed in Japan ISBN4-7664-0893-4